TRABALHO ASSALARIADO E CAPITAL
&
SALÁRIO, PREÇO E LUCRO

KARL MARX

TRABALHO ASSALARIADO E CAPITAL
&
SALÁRIO, PREÇO E LUCRO

2ª EDIÇÃO

EDITORA
EXPRESSÃO POPULAR

SÃO PAULO - 2010

Copyright © 2006, by Editora Expressão Popular

Revisão: *Geraldo Martins de Azevedo Filho*
Projeto gráfico e diagramação e capa: ZAP Design
Arte *da capa: sobre foto de* Karl Marx
Impressão e *acabamento:* Paym

```
         Marx, Karl, 1818-1883
M392t    Trabalho assalariado e capital & salário, preço e lucro/
         Karl Heinrich Marx--2.ed.-- São Paulo : Expressão Popular, 2010.
         144 p. : il.

         Indexado em GeoDados-http://www.geodados.uem.br
         ISBN 85-87394-85-1

         1. Trabalho assalariado e capital. 2. Trabalho e salário.
         3. Trabalho e Preço. 4. Trabalho e lucro. 5. Política.
         I. Título.

                                         CDD 21.ed. 331.11
                                                        320
                          ELIANE M. S. JOVANOVICH CRB 9/1250
```

Todos os direitos reservados.
Nenhuma parte deste livro pode ser utilizada
ou reproduzida sem a autorização da editora.

2ª edição: fevereiro de 2010
4ª reimpressão: dezembro de 2022

EDITORA EXPRESSÃO POPULAR
Rua Abolição, 197 – Bela Vista
CEP 01319-010 – São Paulo – SP
Tel: (11) 3112-0941 / 3105-9500
livraria@expressaopopular.com.br
www.expressaopopular.com.br
◼ ed.expressaopopular
◎ editoraexpressaopopular

SUMÁRIO

APRESENTAÇÃO 7
Roberta Traspadini

TRABALHO ASSALARIADO E CAPITAL
INTRODUÇÃO DE F. ENGELS PARA A EDIÇÃO DE 1891 19
TRABALHO ASSALARIADO E CAPITAL..31
    O que é o salário? Como ele é determinado? 33
    Que é que determina o preço de uma mercadoria?...................38

SALÁRIO, PREÇO E LUCRO
SALÁRIO, PREÇO E LUCRO 71
    Preliminar 71
    I - Produção e salário..72
    II - Produção, salários, lucros 75
    III - Salários e circulação monetária...............................87
    IV - Oferta e procura 92
    V - Salários e preços 95
    VI - Valor e trabalho 98
    VII - Força de trabalho..109
    VIII - A produção da mais-valia 113
    IX - O valor do trabalho 115
    X - O lucro é obtido pela venda de uma mercadoria
    pelo seu valor 117
    XI - As diversas partes em que se divide a mais-valia 119
    XII - Relação geral entre lucros, salários e preços................122
    XIII - Principais casos de luta por aumento de salários
    ou contra sua redução 125
    XIV - A luta entre o capital e o trabalho e seus resultados........133

APRESENTAÇÃO

O conhecimento, as ciências, o estudo podem nos dar importantes elementos para conhecermos melhor a realidade em que vivemos a partir da compreensão dos mecanismos de exploração e libertação utilizados em cada época. O estudo nos dá elementos concretos que nos ajudam, em cada momento histórico, ao entender a realidade, a dar passos rumo à transformação.

Com esse espírito de disponibilizar textos clássicos dos grandes pensadores que analisaram o capitalismo, a exploração e a luta de classes, sob a ótica da classe trabalhadora, apresentamos esses dois textos de Karl Marx. O primeiro, *Trabalho assalariado e capital*; o segundo, *Salário, preço e lucro*. São textos que foram escritos com um intervalo de 16 anos entre eles. E no entanto, como poderemos ver, mostram a total coerência analítica do autor ao longo do desenvolvimento de suas ideias, cujas proposições são de uma impressionante atualidade, para entendermos, inclusive, o funcionamento do capitalismo nos dias atuais.

Para que o leitor/estudioso possa apreender melhor o significado e a importância desses textos, apresentamos, a seguir, alguns elementos reflexivos sobre a obra.

1. A respeito do brilhante prefácio de Engels: uma lição de solidariedade e encontro humanamente revolucionário

A apresentação que Engels faz ao texto "Trabalho assalariado e capital" de Marx, 42 anos após sua elaboração, é um retrato do nível de comprometimento teórico e afetivo entre os dois, e deles com a classe trabalhadora, em âmbito internacional.

Em primeiro lugar, Engels enfatiza que o objetivo dos dois materiais era o de difusão popular das ideias que deveriam ser entendidas em sua complexidade pelos trabalhadores de todo o mundo. Um material teórico, com um caráter amplo de formação continuada por meio de debates, discussões e muito estudo. Disto se tratava o exercício: de intensificar a formação do proletariado a partir de um estudo cuidadoso de alguns elementos-chave da constituição do modo de produção capitalista: o trabalho assalariado "livre", o preço, o lucro: fontes essenciais do capital.

Engels nos revela que os textos de Marx mostram as limitações dos textos dos teóricos burgueses, quando estes não sabem explicar a essência dos conteúdos da teoria do valor-trabalho, como, por exemplo, a constituição do valor a partir da exploração e expropriação da força de trabalho, a transformação do valor em preço e o pagamento do trabalho "necessário" por meio dos salários: o preço da força de trabalho, segundo Marx. Os economistas burgueses, ao confundir valor e preço, não entendiam que a força de trabalho, logo, o trabalho assalariado livre, é a manifestação da substância do valor na economia capitalista: a exploração do tempo de trabalho, com base na constituição da divisão do trabalho em duas partes: o trabalho necessário (salário suficiente para que o trabalhador reponha suas energias e volte a trabalhar no período seguinte) e o trabalho excedente (parte do tempo de trabalho que fica para o capitalista, como trabalho não pago daquilo que foi produzido pelo trabalhador).

É nessa construção do novo que nos pertence como classe, não só como projeto mas sim como ação revolucionária cotidiana, que Engels e Marx avançaram tanto na construção de um referencial teórico com exemplos práticos, concretos de como se dá a dominação ao longo do nosso caminhar histórico. Assim como se dá, dialeticamente, a superação positiva, a partir da tomada de consciência e organização do trabalho para a construção do novo.

Marx e Engels formam uma espetacular dupla de cientistas, companheiros, revolucionários, militantes e grandes amigos. Os dois nos ensinam que não basta o estudo, o trabalho humanizado e a luta de classes, sem que, junto a esses elementos, esteja a permanente e renovada reconstrução dos valores verdadeiramente humanos, imersos numa nova consciência de classes que nos dá bases reais de, ao questionar o processo de alienação, fetiche e exploração historicamente vividos por nós, retomarmos o protagonismo na construção do novo, sem, como dizia Che, perder a ternura e o companheirismo, jamais.

2. A natureza e a importância dos textos de Marx

Esses dois textos foram escritos para serem discutidos com a militância operária, com o objetivo explícito de formação da consciência e organização da classe. Neles, Marx trabalha conceitos fundamentais da Economia Política, de uma forma mais didática do que o fez no seu livro mais denso, *O capital*. Nesses dois textos, encontramos o Marx formador, preocupado didaticamente com o fato de que a militância operária pudesse entender, na teoria e na prática, os mecanismos de exploração desenvolvidos pelo capital. Mecanismos que explicitam o fato de que a relação capital-trabalho não era (é) apenas uma questão de diferença de classes ou de ódio de classes. Era (é), isto sim, um mecanismo lógico de exploração dos que trabalhavam e vendiam sua força de trabalho recebendo apenas o salário e deixando a riqueza produzida para seus patrões. Marx é um defensor permanente da necessidade de estudar e compreender exatamente como acontece essa opressão e exploração em cada momento histórico, a partir das bases materiais concretas da sociedade.

Crítico da teoria burguesa do valor, Marx procura então explicar como funciona mesmo o processo de geração de riqueza, de valor pelo trabalho vivo, que transforma o trabalho morto existente nas matérias-primas, nas ferramentas, nas máquinas. Aqui, ele procura explicar então a verdadeira teoria do valor. A que explica definitivamente as relações essenciais de produção na sociedade organizada pelo capitalismo.

Assim, Marx seguirá as pistas da determinação do valor da mercadoria, dos seus preços, de como cada classe social recebe seus correspondentes rendimentos e, o mais importante, das relações sociais históricas que dão vida ao modo de produção capitalista: a relação capital-trabalho. E, a partir desse jogo de dominação de uma classe sobre a outra, Marx irá explicando, cuidadosamente, a exploração do trabalho e a tendência à ampliação, supostamente sem limites, da exclusão e marginalidade de grande parte da população.

Preocupado também com os caminhos a serem trilhados pelo operariado industrial, Marx via os inúmeros mecanismos que os capitalistas iam criando para seduzir, cooptar e instituir valores burgueses na classe trabalhadora. Assim, também participa ativamente nos debates internos no movimento operário internacional, enfrentando correntes que já naquela época defendiam a falsa ideia de que era possível o operariado obter conquistas nesse modo de produção. Na realidade, o que estava em jogo era a luta de classes, o necessário protagonismo da classe trabalhadora, para poder conquistar sua verdadeira libertação, que seria a construção de um novo modo de produção que libertasse a classe trabalhadora da exploração e do trabalho alienado.

Era clara a preocupação de Marx com a possibilidade de cooptação e resignação de parte do proletariado com uma situação que, aparentemente, poderia ser vantajosa para um pequeno grupo. A preocupação de combater na raiz qualquer vestígio explicativo sobre o sistema capitalista que não trouxesse à luz todos os mecanismos de exploração e de sua força contrária: a libertação, emancipação do trabalhador. Marx insistia muito nisso. No fato de não se discutir o justo ou não justo no valor dos salários pagos e, sim, saber o que é necessário e inalterável nos sistemas de produção específicos de cada época. Pois o trabalho assalariado livre é a falsa aparência de que o trabalhador tem o domínio sobre si mesmo e sobre o que produz, quando em realidade está ainda mais condicionado às amarras que o tornam escravo do capital e do modo de produção de vida na sua fase mais desenvolvida: o trabalho assalariado.

É exatamente porque o capital se valoriza a partir da intensificação da exploração do trabalho de um grande contingente de trabalhadores (homens, mulheres, crianças, idosos) que os sujeitos, com a evolução desse modo de produção, ficam à mercê da informalidade e da exclusão, desde o nascimento desse modo de produção caracterizado como capitalista, que a luta de classes, em vez de cegar, deve despertar os olhos e sentidos dos trabalhadores para a ruptura total com esse sistema que gera morte em vida.

Lutando contra essa alienação do trabalho e contra a possível forma de vê-lo como algo viável e menos selvagem nos sindicatos e demais instrumentos políticos do proletariado, Marx conclui o segundo texto afirmando:

A classe operária deve saber que o sistema atual, mesmo com todas as misérias que lhe são impostas, engendra simultaneamente as condições materiais e as formas sociais necessárias para uma reconstrução econômica da sociedade. Em vez deste lema conservador: 'Um salário justo por uma jornada de trabalho justa!', deverá inscrever na sua bandeira esta divisa revolucionária: 'Abolição do sistema de trabalho assalariado!'

Assim, ao mesmo tempo em que podemos estudar os elementos que dão vida e levam em frente esse modo de produção baseado na exploração da classe trabalhadora; também podemos apreender as cuidadosas explicações de Marx, para não cairmos nas ilusões reformistas daqueles que apenas sonhavam com reivindicações individuais ou setoriais, deixando de lado a luta geral contra o sistema de exploração.

O mais importante e fascinante desses textos é a atualidade do pensamento de Marx, para nos ajudar a entender os elementos constitutivos do modo de produção capitalista (a teoria do valor, da mais-valia, a transformação do valor em preço, os lucros, o trabalho assalariado, a exploração do trabalho...) e a forma como esses conceitos foram explicados aos trabalhadores daquela época. Como faz falta um trabalho como esse agora, no meio da classe trabalhadora brasileira e latino-americana! Nossos intelectuais e professores universitários deveriam se mirar mais no exemplo dos clássicos, de figuras como Marx, Engels, que não se preocupavam apenas em escrever livros etc., mas sobretudo em fazer com que os verdadeiros agentes da transformação dominassem os conceitos e os usassem como instrumentos de transformação.

Marx nos deixa muitos exemplos. Exemplo de clareza em explicar conceitos tão complexos. Exemplo da preocupação em ter consistência científica e não apenas fazer discurso ideológico, pouco prático, sobre a luta de classes como o motor da história. Exemplo de pedagogia ao se preocupar em dialogar, frente a frente, com a classe trabalhadora, sujeitos realmente interessados em entender sua própria exploração. Pois, segundo Marx, somente eles poderiam ser agentes da superação dessa opressão.

3. Os desafios do estudo (nosso processo)

Este livro, como os outros, traz para nós um grande desafio: o de estudar individual e coletivamente as ideias nele contidas para, a partir de nossa prática concreta, dar vida a uma história que possa, num futuro próximo, ser vivida de forma distinta pelas próximas gerações. Não são textos fáceis. Até mesmo porque não é fácil entender com clareza os mecanismos da opressão, quando temos contra nós os instrumentos de dominação que pretendem alienar a todos, como os meios de comunicação (escritos e orais), os meios de produção, o setor educativo, entre outros. Ou seja, os esquemas ideológicos que sustentam os mecanismos de dominação burgueses e que são criados, ao mesmo tempo, por eles. Mas são textos que precisamos ler, anotar, sublinhar, debater, reler e estudar quantas vezes forem necessárias para irmos, pouco a pouco, revelando todas as amarras que nos prendem a esse modo de produção que gera tanta opressão e mantêm a desigualdade social. Recomendamos, também, que, de preferência, sejam organizados grupos de estudo, círculos de leitura; o aprendizado coletivo, é muito mais rico e proveitoso.

O capitalismo é o modo de produção baseado na concentração e centralização da riqueza e da renda que exclui, na atualidade, uma grande parte da classe trabalhadora do próprio sistema formal da produção, ao mesmo tempo em que amplia cada vez mais o número de sujeitos relegados à informalidade do mundo do trabalho. Tanto na informalidade do trabalho que dá vida ao setor formal (terceirização, contratação sem carteira assinada, prestação de serviços), quanto na informalidade do tráfico de drogas, de armas, de corpos, de vidas. Um sistema que gera suas mazelas e que encontra em seus discursos mentirosos a forma de nos culpar pela violência ora vivida, quando em realidade a violência é algo constitutivo desse modo de produção, baseado na exploração e exclusão de grande parte da população do mundo do trabalho. Os dados da realidade brasileira, depois de mais de 15 anos de políticas de liberdade total ao capital (o chamado neoliberalismo), dão um exemplo claro dessa exclusão.

A apropriação privada que o capital faz da riqueza produzida pelos trabalhadores, dos territórios, da terra, dos meios de produção, dos bens da natureza é explícita. O que está em jogo não é a possibilidade de esse modelo ser mais ou menos includente, porque não o é. O que está em jogo é a possibilidade de retomada de um modelo que supere o então vigente, tendo a classe trabalhadora como protagonista da transformação. Em lugar da propriedade privada, da concentração e centralização da riqueza e da renda, baseada na exploração do trabalho e na acentuada exclusão, o que os marxistas de ontem e hoje clamam é pela protagonização da classe trabalhadora na luta de classes. Luta pelo socialismo. Tal luta, que é histórica e particular em cada momento, além de internacional, está baseada, como sustenta o próprio Marx com seus exemplos, no estudo, no trabalho e em todas armas a serem re-construídas para a libertação dos nossos povos. Esse é o lema prático do mundo do trabalho, avesso aos mandamentos e mecanismos instituídos pelo mundo do capital.

É isto que os textos escritos por Marx, em duas etapas de sua vida, nos ajudam a esclarecer: revelar o que está por trás das coisas. Entender, refletir sobre a essência encoberta pela aparência. Discutir sobre as várias formas de atuar e criar os melhores e mais eficazes mecanismos, em cada época, para o protagonismo dos trabalhadores nessa histórica luta contra a classe dominante. É com base nesses desafios de pensar, o hoje e o amanhã revolucionários, com base na história e no processo de luta que foi sendo travado em cada época entre o capital e o trabalho, que devemos estudar individual e coletivamente esses textos aqui apresentados.

Roberta Traspadini

TRABALHO ASSALARIADO
E CAPITAL

INTRODUÇÃO DE F. ENGELS
PARA A EDIÇÃO DE 1891

O trabalho que se segue apareceu sob a forma de uma série de artigos de fundo na *Neue Rheinische Zeitung*,[1] a partir de 5 de abril de 1849. Serviram-lhe de base as conferências proferidas por Marx na Associação dos Operários Alemães de Bruxelas, em 1847.[2] A publicação desses artigos ficou incompleta. O "continua" que se encontra no fim do nº 269 ficou por cumprir em consequência dos acontecimentos que se precipitaram por essa altura: a invasão da Hungria pelos russos,[3] as insurreições em Dresden, Iserlohn, Elberfeld, no Palatinado e em Baden,[4] que levaram à suspensão compulsiva do próprio jornal (19 de maio

---

[1] *Nova Gazeta Renana*, jornal publicado em Colônia sob a direção de Marx, de 1º de junho de 1848 a 19 de maio de 1849. Engels fazia parte da redação.

[2] A Associação dos Operários Alemães de Bruxelas foi fundada por Marx e Engels no final de agosto de 1847, com vista a dar uma formação política aos operários alemães residentes na Bélgica e a fazer propaganda entre eles das ideias do comunismo científico. Sob a direção de Marx e Engels e dos seus colaboradores, a Associação tornou-se um centro legal de agrupamento dos proletários revolucionários alemães na Bélgica. Os melhores elementos da Associação faziam parte da organização de Bruxelas da Liga dos Comunistas. A atividade da Associação dos Operários Alemães de Bruxelas terminou pouco depois da revolução burguesa de fevereiro de 1848 na França, em virtude da prisão e da expulsão dos seus membros pela polícia belga.

[3] Trata-se da intervenção das tropas tsaristas na Hungria, em 1849, com o objetivo de esmagar a revolução burguesa húngara e restabelecer o poder dos Habsburgos austríacos.

[4] Trata-se das insurreições das massas populares na Alemanha, em maio-julho de 1849 em defesa da Constituição imperial (adotada pela Assembleia Nacional de Frankfurt em 28 de março de 1849, mas rejeitada por uma série de Estados alemães). Essas insurreições tinham um caráter espontâneo e disperso e foram esmagadas em meados de julho de 1849.

de 1849). O manuscrito dessa continuação nunca foi encontrado nos papéis deixados por Marx.

Trabalho assalariado e capital apareceu em várias edições, como separata sob a forma de brochura, a última das quais em 1884, editada pela tipografia Cooperativa Suíça, Hottingen-Zürich. Essas edições anteriores continham a versão exata do original. A presente edição deve ser difundida como folheto de propaganda numa tiragem não inferior a 10 mil exemplares, e logo eu não poderia deixar de perguntar a mim mesmo se, nessas condições, o próprio Marx teria consentido numa reprodução dessa versão sem alterações.

Nos anos de 1840, Marx ainda não havia terminado a sua crítica da Economia Política. Isso só aconteceu nos finais dos anos de 1850. Por isso, os escritos que apareceram antes do primeiro fascículo de *Contribuição à crítica da Economia Política* (1859) diferem aqui e ali dos redigidos a partir de 1859; contêm expressões e frases inteiras que, do ponto de vista dos escritos posteriores, parecem tortuosas e até incorretas. Ora, é evidente que em edições populares, destinadas ao público em geral, esse ponto de vista anterior, que faz parte da evolução espiritual do autor, tem o seu lugar, e tanto ele quanto o público têm indiscutível direito a uma reprodução sem alterações desses escritos mais antigos. E não me passaria pela cabeça modificar uma só palavra que fosse.

Mas o caso muda quando a nova edição se destina quase exclusivamente à propaganda entre os operários. Nesse caso, Marx teria incondicionalmente posto de acordo a antiga exposição, que data de 1849, com o seu novo ponto de vista. E eu estou certo de proceder nesse mesmo sentido, se operar para *esta edição* as poucas modificações e os acréscimos necessários para atingir esse objetivo, em todos os pontos essenciais. Por isso, previno já o leitor: esta é a brochura não como Marx a redigiu em 1849, mas, aproximadamente, como ele a teria escrito em 1891. Além disso, o texto real encontra-se difundido em tão grande número de exemplares que isso é suficiente até que eu o possa reimprimir sem alterações numa posterior edição das obras completas.

As minhas alterações giram todas em torno de um ponto. Segundo o original, o operário vende ao capitalista o seu *trabalho* em troca do salário; segundo o texto atual, ele vende a sua *força* de trabalho. E por essa alteração devo uma explicação. Uma explicação aos operários, para que vejam que não estão perante uma simples questão de palavras, mas, ao contrário, perante um dos mais importantes pontos de toda a Economia Política. Explicação aos burgueses, para que possam se convencer de como os operários sem instrução – para quem, com facilidade, os mais difíceis desenvolvimentos econômicos podem se tornar inteligíveis – estão imensamente acima dos nossos arrogantes homens "instruídos", para quem questões tão complexas permanecem insolúveis durante toda a vida.

A Economia Política clássica[5] reteve da prática industrial a representação corrente do fabricante de que compra e paga o *trabalho* dos seus operários. Essa representação chegava perfeitamente para uso nos negócios, a contabilidade e o cálculo do preço do fabricante. Transposta, de um modo ingênuo, para a Economia Política, causou a esta mal-entendidos e confusões prodigiosos.

A Economia depara com o fato de que os preços de toda a mercadoria – e, portanto, o preço da mercadoria a que ela chama "trabalho" – variam continuamente; que eles sobem e

---

[5] Marx escreve em *O capital:* "Por Economia Política clássica entendo toda a economia política que, desde o tempo de W. Petty, tem investigado as relações reais de produção na sociedade burguesa". Os principais representantes da Economia Política clássica na Inglaterra foram A. Smith e D. Ricardo.

descem em consequência de circunstâncias muito diferenciadas que, frequentemente, não têm conexão alguma com a produção da própria mercadoria, de tal modo que, em regra, os preços parecem ser determinados pelo puro acaso. Ora, logo que a Economia se tornou uma ciência,[6] uma das suas primeiras tarefas foi a de procurar a lei que se ocultava por detrás desse acaso, que, aparentemente, comandava o preço das mercadorias e que, na realidade, comandava esse mesmo acaso. Ela procurou nos preços das mercadorias que continuamente oscilam, ora para cima, ora para baixo, o ponto central fixo em torno do qual se efetuam essas oscilações. Numa palavra, ela partiu dos *preços* das mercadorias para procurar, como sua lei reguladora, o *valor* das mercadorias, a partir do qual deveriam se explicar todas as oscilações de preços e ao qual finalmente todas deveriam de novo se reconduzir.

A Economia clássica achou, então, que o valor de uma mercadoria seria determinado pelo trabalho incorporado nela, o trabalho necessário para a sua produção; e contentou-se com essa explicação. Também nós podemos nos debruçar, por um momento, sobre esse problema. Só para prevenir equívocos, quero lembrar que essa explicação se tornou hoje completamente insuficiente. Marx, pela primeira vez, investigou fundamentalmente a propriedade que o trabalho tem de criar valor, e descobriu, assim, que nem todo o trabalho, aparente ou mesmo realmente necessário à produção de uma mercadoria, lhe acrescenta, em todas as circunstâncias, uma grandeza de valor que corresponde ao volume de trabalho empregado. Portanto, quando hoje nos

---

[6] Engels escreveu no *Anti-Dühring:* "Embora tendo começado por tomar forma na mente de alguns homens de gênio em finais do século XVII, a Economia Política em sentido mais restrito, na sua formulação positiva pelos fisiocratas e por Adam Smith, é, contudo, essencialmente filha do século XVIII."

limitamos a dizer, com economistas como Ricardo, que o valor de uma mercadoria é determinado pelo trabalho necessário à sua produção, damos sempre como subentendidas as reservas feitas por Marx. Aqui, nos basta isso; o mais encontra-se exposto por Marx em *Contribuição à crítica da Economia Política* (1859) e no primeiro tomo de *O capital*.

Mas logo que os economistas aplicaram essa determinação de valor pelo trabalho à mercadoria "trabalho", caíram de contradição em contradição. Como se determina o valor do "trabalho"? Pelo trabalho necessário que neste se encontra. Mas quanto trabalho se encontra no trabalho de um operário, durante um dia, uma semana, um mês, um ano? O trabalho de um dia, de uma semana, de um mês, de um ano. Se o trabalho é a medida de todos os valores, só podemos expressar o "valor do trabalho" precisamente em trabalho. Mas nós não sabemos absolutamente nada acerca do valor de uma hora de trabalho se apenas soubermos que aquele é igual a uma hora de trabalho. Desse modo, não avançamos um milímetro, e nos limitamos a andar à volta da questão.

Por isso, a Economia clássica procurou dar uma outra formulação, e disse: o valor de uma mercadoria é igual aos seus custos de produção. Mas quais são os custos de produção do trabalho? Para responder a essa pergunta, os economistas viram-se obrigados a torcer um pouco a lógica. Em vez dos custos de produção do próprio trabalho – que, infelizmente, não podem ser descobertos – eles investigam então os custos de produção do *operário*. E estes, sim, podem ser descobertos. Eles variam consoante o tempo e as circunstâncias, mas em dadas condições sociais, numa dada localidade, num dado ramo de produção eles estão igualmente dados, pelo menos dentro de limites bastante estreitos. Vivemos hoje sob o domínio da produção capitalista em que uma grande e sempre crescente classe da população só pode viver se trabalhar, a troco de um salário, para os proprietários dos meios de produção – das ferramentas, máquinas, matérias-primas e meios de subsistência. Na base desse modo de produção, os custos de produção do operário consistem naquela soma de meios de subsistência ou do seu preço em dinheiro – que são, em média, necessários para o tornarem capaz de trabalhar, para o manterem capaz de trabalhar e para o substituírem por outro operário quando do seu afastamento por doença, velhice ou morte, para reproduzir, portanto, a classe operária na força necessária. Suponhamos que o preço em dinheiro desses meios de subsistência é, em média, 3 marcos por dia.

O nosso operário receberá, portanto, do capitalista que o empregou, um salário de 3 marcos por dia. Por esse salário, o capitalista o fará trabalhar, digamos, 12 horas por dia. E esse capitalista faz os seus cálculos mais ou menos da seguinte maneira:

Suponhamos que o nosso operário – um ajustador – tem de fazer, num dia de trabalho, uma peça de máquina. A matéria-prima – ferro e latão, já convenientemente trabalhados – custa 20 marcos. O consumo de carvão da máquina a vapor, o desgaste dessa mesma máquina a vapor, do torno e das outras ferramentas com que o nosso operário trabalha – calculados em relação a um dia e a um operário – representam, digamos, o valor de um marco. O salário de um dia é, segundo a nossa hipótese, de 3 marcos. No total, a nossa peça de máquina ficou por 24 marcos. Mas o capitalista espera receber em média 27 marcos dos clientes, isto é, 3 marcos a mais do que os custos que teve.

De onde vêm esses 3 marcos que o capitalista mete ao bolso? Segundo a afirmação da Economia clássica, as mercadorias são vendidas, em média, pelo seu valor, isto é, a preços que correspondem à quantidade de trabalho necessário contido nessas mercadorias. O preço médio da nossa peça de máquina – 27 marcos – seria, portanto, igual ao seu valor, igual ao trabalho que se encontra incorporado nela. Mas desses 27 marcos, 21 eram já valores existentes antes de o nosso ajustador começar a trabalhar. Vinte marcos encontravam-se na matéria-prima, um marco no carvão consumido durante a fabricação, ou nas máquinas e ferramentas que nela foram utilizadas e diminuídas na sua capacidade de produção até o valor dessa soma. Ficam 6 marcos que foram acrescentados ao valor da matéria-prima. Mas esses 6 marcos, segundo a hipótese dos nossos economistas, só podem provir do trabalho acrescentado pelo nosso operário à matéria-prima. O seu trabalho de 12 horas criou, portanto, um novo valor de 6 marcos. O valor do seu trabalho de 12 horas seria, portanto, igual a 6 marcos. Desse modo, teríamos finalmente descoberto o que é o "valor do trabalho".

– Alto lá! – grita o nosso ajustador. – Seis marcos? Mas eu só recebi 3! O meu capitalista jura de pés juntos que o valor do meu trabalho de 12 horas é só de 3 marcos e, se eu lhe exigir 6, ele vai rir de mim. Como isso é arranjado?

Se, anteriormente, com o nosso valor do trabalho, caíamos num beco sem saída, agora é que estamos mesmo metidos numa contradição insolúvel. Procuramos o valor do trabalho e acabamos por encontrar mais do que precisávamos. Para o operário, o valor do seu trabalho de 12 horas é de 3 marcos; para o capitalista, é de 6 marcos, dos quais ele paga ao operário 3 marcos como salário – e mete ele próprio os outros 3 marcos no bolso. O trabalho teria, portanto, não um, mas dois valores, e ainda por cima bastante diferentes!

A contradição torna-se ainda mais absurda quando reduzimos os valores expressos em dinheiro a tempo de trabalho. Nas 12 horas de trabalho, é criado um novo valor de 6 marcos.

Portanto, em 6 horas, 3 marcos – a soma que o operário recebe pelo trabalho de 12 horas. Pelo trabalho de 12 horas, o operário recebe o equivalente ao produto de 6 horas de trabalho. Assim sendo, ou o trabalho tem dois valores em que um é o dobro do outro, ou então 12 é igual a 6! Em qualquer dos casos, revela-se um puro contrassenso.

E, por mais voltas que lhe demos, não conseguimos sair dessa contradição, enquanto falarmos da compra e da venda do trabalho, e do valor do trabalho. Foi o que aconteceu aos nossos economistas. O último rebento da Economia clássica, a escola de Ricardo, fracassou em grande parte na insolubilidade dessa contradição. A Economia clássica metera-se num beco sem saída. O homem que encontrou a maneira de sair desse beco foi Karl Marx.

O que os economistas haviam considerado como custos de produção "do trabalho", eram os custos de produção, não do trabalho, mas do próprio operário vivo. E o que o operário vendia ao capitalista não era o seu trabalho. "No momento em que começa realmente o seu trabalho – disse Marx – este deixa logo de lhe pertencer e o operário não poderá portanto vendê-lo." Poderia, quando muito, vender o seu trabalho *futuro*, isto é, comprometer-se a executar um dado trabalho num tempo determinado. Mas, então, o operário não vende trabalho (que ainda teria de ter lugar); põe, sim, à disposição do capitalista a sua força de trabalho, a troco de um salário determinado, por um determinado tempo (se trabalha por tempo) ou para determinada tarefa (se trabalha por peça): ele aluga ou vende a sua *força de trabalho*. Mas essa força de trabalho incorpora-se indissoluvelmente ligada a sua pessoa e é inseparável dela. Por conseguinte, os seus custos de produção coincidem com os custos de produção [do operário]; o que os economistas chamavam custos de produção do trabalho são precisamente os custos de produção do operário e, por isso, os da força de trabalho. E, assim, já podemos relacionar os custos de produção da força de trabalho ao *valor* da força de trabalho, e determinar a quantidade de trabalho socialmente necessário que é requerido para a produção de uma força de trabalho de determinada qualidade – como o fez Marx no capítulo da compra e venda da força de trabalho (*O capital*, tomo 1, capítulo 4, seção 3).

Mas, o que se passa depois de o operário ter vendido a sua força de trabalho ao capitalista, isto é, de a ter posto à sua disposição, a troco de um salário previamente combinado, salário por tempo ou por peça? O capitalista leva o operário para a sua oficina ou fábrica, onde já se encontram todos os objetos necessários ao trabalho: matérias-primas, matérias auxiliares (carvão, corantes etc.), ferramentas, máquinas. Aí começa o labutar do operário. Suponhamos que o seu salário diário seja de 3 marcos, como no caso anterior – pouco importando que ele os ganhe por tempo ou por peça. Suponhamos, novamente, que o operário, em 12 horas, acrescenta às matérias-primas utilizadas, com o seu trabalho, um novo valor de 6 marcos, novo valor que o capitalista realiza vendendo a peça uma vez pronta. Desse novo valor, paga 3 marcos ao operário, mas guarda para si os outros 3 marcos. Ora, se o operário cria um valor de 6 marcos em 12 horas, em 6 horas [criará] um valor de 3 marcos. Portanto, ele já reembolsou o capitalista com o valor equivalente aos 3 marcos contidos no salário depois de trabalhar 6 horas para ele. Ao fim de 6 horas de trabalho, ambos estão quites, não devem um centavo um ao outro.

– Alto lá! – grita agora o capitalista. – Aluguei o operário por um dia inteiro, por 12 horas. Seis horas são só meio dia. Portanto, vamos continuar trabalhando até completar as outras

6 horas – só nessa altura é que ficaremos quites. E, com efeito, o operário tem de se submeter ao contrato aceito "de livre vontade", segundo o qual se compromete a trabalhar 12 horas inteiras por um produto de trabalho que custa 6 horas de trabalho.

Com o trabalho por peça é exatamente a mesma coisa. Suponhamos que o nosso operário cria 12 peças de mercadoria em 12 horas, e que cada uma delas custa 2 marcos de carvão e de desgaste das máquinas, sendo vendida depois a 2 marcos e meio. Mantendo-se a mesma suposição do caso anterior, o capitalista dará ao operário 25 pfennigs por peça, o que perfaz, pelas 12 peças, 3 marcos que o operário precisa de 12 horas para ganhar. O capitalista obtém 30 marcos pela venda das 12 peças; descontando 24 marcos pela matéria-prima e pelo desgaste, sobram 6 marcos, dos quais paga 3 de salário e guarda 3. Exatamente como no caso anterior. Também aqui o operário trabalha 6 horas para si, isto é, para repor o seu salário (meia hora em cada uma das 12 horas) e 6 horas para o capitalista.

A dificuldade em que fracassavam os melhores economistas, enquanto partiram do valor do "trabalho", desaparece logo que, em vez disso, partimos do valor da "*força* de trabalho". A força de trabalho é, na sociedade capitalista dos nossos dias, uma mercadoria como qualquer outra, mas, certamente, uma mercadoria muito especial. Com efeito, ela tem a propriedade especial de ser uma força criadora de valor, uma fonte de valor e, principalmente com um tratamento adequado, uma fonte de mais valor do que ela própria possui. No estado atual da produção, a força de trabalho humana não produz só, num dia, um valor maior do que ela própria possui e custa; a cada nova descoberta científica, a cada nova invenção técnica, esse excedente do seu produto diário sobe acima dos seus custos diários; reduz-se, portanto, aquela parte do dia de trabalho em que o operário retira do seu trabalho o equivalente ao seu salário diário e alonga-se, portanto, por outro lado, aquela parte do dia de trabalho em que ele tem de *oferecer* o seu trabalho ao capitalista sem ser pago por isso.

Tal é a constituição econômica da nossa atual sociedade: é somente a classe trabalhadora que produz todos os valores. Pois o valor é apenas uma outra expressão para trabalho, aquela expressão pela qual se designa, na sociedade capitalista dos nossos dias, a quantidade de trabalho socialmente necessário incorporada a uma determinada mercadoria. Esses valores produzidos pelos operários não pertencem, porém, aos operários. Pertencem aos proprietários das matérias-primas, das máquinas e ferramentas e dos meios financeiros que permitem a esses proprietários comprar a força de trabalho da classe operária. De toda a massa de produtos criados pela classe operária, ela só recebe portanto uma parte. E, como acabamos de ver, a outra parte, que a classe capitalista conserva para si e que divide, quando muito, ainda com a classe dos proprietários fundiários, torna-se, a cada nova descoberta ou invenção, maior ainda, enquanto a parte que reverte para a classe operária (parte calculada por cabeça) ora aumenta, mas muito lentamente e de maneira insignificante, ora não sobe e, em certas circunstâncias, pode mesmo diminuir.

Mas essas invenções e descobertas que se sucedem e se substituem umas às outras cada vez mais rapidamente, esse rendimento do trabalho humano que aumenta diariamente em proporções nunca vistas, acabam por criar um conflito no qual a atual economia capitalista tem de naufragar. De um lado, imensas riquezas e um excedente de produtos que os compradores não podem absorver. Do outro, a grande massa proletarizada da sociedade, transformada em operários assalariados e, precisamente por essa razão, incapacitada de se apropriar desse excedente de produtos. A cisão da sociedade numa pequena classe excessivamente rica e numa grande classe de operários assalariados não proprietários faz com que essa sociedade se asfixie no próprio excedente, enquanto a grande maioria dos seus membros dificilmente, ou nunca, está protegida da mais extrema miséria. Esse estado de coisas torna-se dia a dia mais absurdo e mais desnecessário. Ele *tem de* ser eliminado, ele *pode* ser eliminado. É possível uma nova ordem social em que desaparecerão as atuais diferenças entre as classes e em que – após um período de transição, talvez curto e com certas privações, mas, em todo o caso, moralmente muito útil – graças a uma utilização e um crescimento planificados das imensas forças produtivas já existentes de todos os membros da sociedade, com trabalho obrigatório para todos, os meios de vida, do prazer de viver, de formação e exercício de todas as capacidades do corpo e do espírito estarão igualmente à disposição de todos e numa abundância sempre crescente. E prova de que os operários estão cada vez mais decididos a conquistar esta nova ordem social nos é dada, dos dois lados do oceano, pela jornada do "1º de Maio" que se comemora no domingo, 3 de maio.[7]

Londres, 30 de abril de 1891
Friedrich Engels

Publicado em suplemento ao n. 109 do diário *Vorwärts*, de 13 de maio de 1891, e na edição em opúsculo de *Lohnarbeit und Kapital*, de Karl Marx, Berlim, 1891.

---

[7] Engels refere-se às comemorações do "1º de Maio" de 1891. Em alguns países (Inglaterra, Alemanha), a festa do "1º de Maio" era realizada no primeiro domingo posterior a essa data, que, em 1891, foi no dia 3 de maio.

TRABALHO ASSALARIADO E CAPITAL[1]

Karl Marx

De vários lados, somos censurados por não havermos exposto as *relações econômicas* que constituem a base material das lutas de classes e das lutas nacionais nos nossos dias. De acordo com o nosso plano, tratamos dessas relações apenas quando elas explodiam diretamente em enfrentamentos políticos.

Tratava-se, antes de mais nada, de seguir a luta de classes na história do dia a dia e de provar, de maneira empírica, com o material histórico existente e diariamente renovado, que, com a subjugação da classe operária, ocorrida em fevereiro e março, foram ao mesmo tempo vencidos os seus adversários: na França, os republicanos burgueses; e, em todo o continente europeu, as classes burguesas e camponesas em luta contra o absolutismo feudal; que a vitória da "República honesta", na França, foi ao mesmo tempo a queda das nações que haviam respondido à Revolução de Fevereiro com heroicas guerras de independência; e, por fim, a Europa, que, com a derrota dos operários revolucio-

---

[1] Ao publicar a obra *Trabalho assalariado e capital,* Marx propunha-se descrever de forma popular as relações econômicas que constituem a base material da luta de classes na sociedade capitalista. Pretendia dar ao proletariado a arma teórica do conhecimento científico profundo da base sobre a qual repousam na sociedade capitalista o domínio de classe da burguesia e a escravidão assalariada dos operários. Ao desenvolver os pontos de partida da sua teoria da mais-valia, Marx formula em termos gerais a tese do empobrecimento relativo e absoluto da classe operária sob o capitalismo.

nários, retornou à sua antiga e dupla escravatura, a escravatura *anglo-russa*. Os combates de junho em Paris, a queda de Viena, a tragicomédia de Berlim em novembro de 1848, os esforços desesperados da Polônia, da Itália e da Hungria, a submissão da Irlanda pela fome, tais foram os principais acontecimentos em que se resumiu a luta de classes, na Europa, entre a burguesia e a classe operária, com os quais nós demonstramos que todos os levantamentos revolucionários, por mais afastados da luta de classes que os seus objetivos possam parecer, têm de fracassar até que a classe operária revolucionária seja vitoriosa; que todas as reformas sociais permanecerão utopia até que a revolução proletária e a contrarrevolução feudal se enfrentem pelas armas numa *guerra mundial*. Na nossa exposição, como na realidade, a *Bélgica* e a *Suíça* eram quadros caricaturais e tragicômicos no grande painel da história: uma, apresentanda como o Estado modelo da monarquia burguesa; a outra, como o Estado modelo da república burguesa. E ambas, como Estados que se imaginavam tão independentes da luta de classes como da revolução europeia.

Agora, depois de os nossos leitores verem o desenvolvimento da luta de classes no ano de 1848 sob formas políticas colossais, é tempo de aprofundar essas mesmas relações econômicas em que se baseiam tanto a existência da burguesia e o seu domínio de classe quanto a escravidão dos operários.

Apresentaremos a nossa exposição em três grandes partes: 1ª – a relação do *trabalho assalariado com o capital*, a escravidão do operário, o domínio do capitalista; 2ª – *o declínio inevitável das classes médias burguesas e do campesinato* no atual sistema; 3ª – *a subjugação e a exploração comercial das classes burguesas das diversas nações europeias* pelo déspota do mercado mundial, a *Inglaterra*.

Vamos procurar fazer uma exposição o mais simples e popular possível, nem mesmo considerando os mais elementares conceitos da Economia Política. Queremos que os operários nos compreendam. E até porque, na Alemanha, reina a mais notável ignorância e confusão de conceitos sobre as relações econômicas mais simples, desde os defensores autorizados do atual estado de coisas, até os *milagreiros socialistas* e os *gênios políticos incompreendidos*, que, na Alemanha fragmentada, são mais numerosos ainda do que os príncipes.

Comecemos, portanto, com a primeira questão.

O que é o salário? Como ele é determinado?

Se perguntássemos aos operários que salário eles recebem, responderiam: – "Eu recebo do meu patrão um marco por dia de trabalho." Outro dirá: "Recebo 2 marcos." etc. Conforme os diferentes ramos de trabalho a que pertencem, nos indicariam as diversas quantias que recebem dos seus respectivos patrões, pela execução de um determinado trabalho, como, por exemplo, tecer uma vara* de pano ou compor uma página tipográfica. Apesar da diversidade das suas indicações, todos concordarão neste ponto: o salário é a soma em dinheiro que o capitalista paga por um determinado tempo de trabalho ou pela prestação de um determinado trabalho.

Parece, portanto, que o capitalista *compra* o trabalho dos operários com dinheiro. Eles *vendem*-lhe o seu trabalho a troco de dinheiro. Mas é só na aparência que isso acontece. Na realidade, o que os operários vendem ao capitalista em troca de dinheiro é a sua *força* de trabalho. O capitalista compra essa força de trabalho por um dia, uma semana, um mês etc.

---

* Medida equivalente a 1,10 m no sistema metrológico brasileiro.

E, depois de comprá-la, utiliza-a fazendo com que os operários trabalhem durante o tempo estipulado. Com essa mesma quantia com que o capitalista comprou a força de trabalho dos operários – os 2 marcos, por exemplo – ele poderia ter comprado 2 libras de açúcar ou uma certa quantidade de qualquer outra mercadoria. Os 2 marcos com os quais ele compraria as 2 libras de açúcar são o *preço* dessas 2 libras de açúcar. Os 2 marcos com os quais ele comprou 12 horas de utilização da força de trabalho são o preço do trabalho das 12 horas de trabalho. A força de trabalho é, portanto, uma mercadoria, exatamente como o açúcar. A primeira mede-se com o relógio, a segunda com a balança.

Os operários trocam a sua mercadoria – a força de trabalho – pela mercadoria do capitalista – o dinheiro – e essa troca é realizada, na verdade, numa determinada proporção: tanto dinheiro por tantas horas de utilização da força de trabalho. Para trabalhar no tear durante 12 horas, 2 marcos. E esses 2 marcos não representam todas as outras mercadorias que posso comprar por 2 marcos? De fato, o operário trocou, portanto, a sua mercadoria – a força de trabalho – por outros tipos de mercadorias, e isso foi feito numa determinada proporção. Ao lhe dar 2 marcos, o capitalista deu-lhe uma certa quantidade de carne, de roupa, de lenha, de luz etc., em troca do seu dia de trabalho. Os 2 marcos representam, portanto, a proporção em que a força de trabalho é trocada por outras mercadorias, ou seja, o *valor de troca* da força de trabalho. O valor de troca de uma mercadoria, avaliado em *dinheiro*, é o que se chama precisamente o seu *preço*. Portanto, *salário* é apenas um nome especial dado ao preço da força de trabalho, a que se costuma chamar *preço do trabalho*; é apenas o nome dado ao preço dessa mercadoria particular que só existe na carne e no sangue do homem.

Suponhamos um operário qualquer, um tecelão, por exemplo. O capitalista fornece-lhe o tear e o fio. O tecelão põe-se a trabalhar e o fio transforma-se em pano. O capitalista apodera-se do pano e o vende por 20 marcos, por exemplo. Acaso o salário do tecelão é uma *cota-parte* no pano, nos 20 marcos, no produto do seu trabalho? De modo algum. O tecelão recebeu o salário muito antes de o pano ter sido vendido e talvez muito antes mesmo de o tê-lo tecido. Portanto, o capitalista não paga o salário com o dinheiro que vai receber pelo pano, mas com dinheiro que já tinha de reserva. Assim como tear e o fio fornecidos pelo capitalista não são produtos do tecelão, tampouco o são as mercadorias que o operário recebe em troca da sua mercadoria, a força de trabalho. Poderá acontecer que o capitalista não consiga encontrar um comprador para o pano. Poderá acontecer que a venda do pano nem sequer cubra o salário que pagou. Poderá acontecer que a venda do pano se realize em condições muito vantajosas em relação ao salário do tecelão. Nada disso diz respeito ao tecelão. O capitalista compra, com uma parte da fortuna que tem, do seu capital, a força de trabalho do tecelão, exatamente como comprou, com outra parte da sua fortuna, a matéria-prima – o fio – e o instrumento de trabalho – o tear. Depois de fazer essas compras, e entre as mercadorias compradas está a força de trabalho necessária à produção do pano, o capitalista produz agora *só com matérias-primas e instrumentos de trabalho que lhe pertencem*. E, entre esses últimos, conta-se naturalmente também o nosso bom tecelão, que participa tão pouco no produto, ou no preço do produto, como o tear.

O salário não é, portanto, uma cota-parte do operário na mercadoria por ele produzida. O salário é a parte de mercadoria já existente, com a qual o capitalista compra, para si, uma determinada quantidade de força de trabalho produtiva.

A força de trabalho é, portanto, uma mercadoria que o seu proprietário, o operário assalariado, vende ao capital. Por que ele a vende? Para viver.

Mas a força de trabalho em ação, o trabalho, é a própria atividade vital do operário, a própria manifestação da sua vida. E é essa *atividade vital* que ele vende a um terceiro para se assegurar dos *meios de vida* necessários. A sua atividade vital é para ele, portanto, apenas um meio para poder existir. Trabalha para viver. Ele nem sequer considera o trabalho como parte da sua vida, é antes um sacrifício da sua vida. É uma mercadoria que adjudicou a um terceiro. Por isso, o produto da sua atividade tampouco é o objetivo da sua atividade. O que o operário produz para si próprio não é a seda que tece, não é o ouro que extrai das minas, não é o palácio que constrói. O que ele produz para si próprio é o *salário*; e a seda, o ouro e o palácio reduzem-se, para ele, a uma determinada quantidade de meios de subsistência, talvez a uma roupa de algodão, a umas moedas, a um quarto num porão. E o operário – que, durante 12 horas tece, fia, perfura, torneia, constrói, cava, talha a pedra e a transporta etc. – valerão para ele essas 12 horas de tecelagem, de fiação, de trabalho com o arco de pua, ou com o torno, de pedreiro, ou escavador, como manifestação da sua vida, como sua vida? Ao contrário. A vida para ele, começa quando termina essa atividade, à mesa, no bar, na cama. As 12 horas de trabalho não têm, de modo algum, para ele, o sentido de tecer, de fiar, de perfurar etc., mas representam unicamente o meio de *ganhar* o dinheiro que lhe permitirá sentar-se à mesa, ir ao bar, deitar-se na cama. Se o bicho-da-seda fiasse para manter a sua existência de lagarta, seria então um autêntico operário assalariado. A força de trabalho nem sempre foi uma *mercadoria*. O trabalho nem sempre foi trabalho assalariado, isto é, *trabalho livre*. O *escravo* não vendia a sua força de trabalho ao proprietário de escravos, assim como o boi não vende os seus esforços ao camponês. O escravo é vendido, com a sua força de trabalho, de uma vez para sempre, ao seu proprietário. É uma mercadoria que pode passar das mãos de um proprietário para as mãos de um outro. Ele *próprio* é uma mercadoria, mas a força de trabalho não é uma mercadoria *sua*. O *servo* só vende uma parte de sua força de trabalho. Não é ele quem recebe um salário do proprietário da terra: ao contrário, é o proprietário da terra quem recebe dele um tributo.

O servo pertence à terra e rende frutos ao dono da terra. O *operário livre*, ao contrário, vende-se a si mesmo e, além disso, por partes. Vende em leilão 8, 10, 12, 15 horas da sua vida, dia após dia, a quem melhor pagar, ao proprietário das matérias-primas, dos instrumentos de trabalho e dos meios de subsistência, isto é, ao capitalista. O operário não pertence nem a um proprietário nem à terra, mas 8, 10, 12, 15 horas da sua vida diária pertencem a quem as compra. O operário, quando quer, deixa o capitalista ao qual se alugou, e o capitalista despede-o quando acha conveniente, quando já não tira dele proveito ou o proveito que esperava. Mas o operário, cuja única fonte de rendimentos é a venda da sua força de trabalho, não pode deixar *toda a classe dos compradores*, isto é, a *classe dos capitalistas*, sem renunciar à existência. *Ele não pertence a este ou àquele capitalista, mas à classe dos capitalistas*, e compete a ele a encontrar quem o queira, isto é, encontrar um comprador nessa classe dos capitalistas.

Antes de entrarmos mais a fundo na relação entre capital e trabalho assalariado, vamos expor brevemente as condições mais gerais a serem levadas em conta na determinação do salário.

O *salário* é, como vimos, o *preço* de uma determinada mercadoria, a força de trabalho. O salário é, portanto, determinado pelas mesmas leis que determinam o preço de qualquer outra mercadoria.

A questão que se apresenta, portanto, é a seguinte: *como se determina o preço de uma mercadoria?*

Que é que determina o preço de uma mercadoria?

É a concorrência entre compradores e vendedores, a relação entre a procura e aquilo que se fornece [*Nachfrage zur Zufuhr*], a oferta e a procura. A concorrência, que determina o preço de uma mercadoria, apresenta *três aspectos*.

A mesma mercadoria é oferecida por vários vendedores. Aquele que vender mercadorias de qualidade igual a um preço mais barato certamente vencerá os outros vendedores e fará seguramente a maior venda. Por isso, os vendedores disputam entre si a venda, o mercado. Cada um deles quer vender, vender o mais que puder e, se possível, ser só ele a vender, com exclusão dos demais vendedores. Por isso, uns vendem mais barato que outros. Temos, assim, uma *concorrência entre os vendedores*, que *faz baixar* o preço das *mercadorias* oferecidas por eles.

Mas há também uma *concorrência entre os compradores* que, por seu lado, *faz subir* o preço das mercadorias oferecidas.

E há, finalmente, uma *concorrência entre os compradores e vendedores*: *uns* querem comprar o mais barato possível; *outros*, vender o mais caro possível. O resultado dessa concorrência entre compradores e vendedores dependerá da relação existente entre os dois lados da concorrência de que falamos antes, isto é, dependerá de a concorrência ser mais forte no exército dos compradores ou no exército dos vendedores. A indústria atira para o campo de batalha dois exércitos que se defrontam, nas fileiras de cada um dos quais se trava por sua vez uma luta intestina. O exército em cujas tropas há menos pancadaria é o que triunfa sobre o adversário.

Suponhamos que no mercado há 100 fardos de algodão e que existem compradores para mil fardos de algodão. Neste caso, a procura é dez vezes maior do que aquilo que é fornecido. A concorrência entre os compradores será, portanto, muito forte, pois todos querem apanhar um fardo e, até mesmo, se possível, os 100 fardos. Este exemplo não é uma suposição arbitrária. Na história do comércio, temos vivido períodos de má colheita algodoeira em que uns tantos capitalistas, aliados entre si, procuraram comprar não 100 fardos, mas todas as reservas de algodão da Terra. No caso que citamos, cada comprador procurará, portanto, vencer o outro, oferecendo um preço relativamente mais elevado por fardo de algodão. Os vendedores de algodão que veem as tropas do exército inimigo empenhadas numa luta violentíssima entre si, e que têm a certeza absoluta de vender por completo os 100 fardos, evitarão lutar entre si para baixar o preço do algodão, num momento em que os adversários se atracam para fazê-lo subir. Estabelece-se, subitamente, por isso, a paz nas fileiras dos vendedores. Permanecem como *um* só homem frente aos compradores, como *um* só homem cruzam filosoficamente os braços, e as suas exigências não teriam limite se não fossem os limites bem determinados das próprias ofertas dos compradores mais insistentes.

Assim, quando o fornecimento de uma mercadoria é inferior à procura dessa mercadoria, a concorrência entre os vendedores reduz-se ao mínimo ou é nula. Na medida em que essa concorrência diminui, aumenta a concorrência entre os compradores. Resultado: alta mais ou menos considerável dos preços das mercadorias.

Como se sabe, é mais frequente o caso inverso, e com resultados inversos. Excedente considerável da oferta sobre a procura: concorrência desesperada entre os vendedores. Falta de compradores: venda das mercadorias a preços baixíssimos.

Mas o que significa alta e queda dos preços, o que significa preço alto e preço baixo? Um grão de areia é grande visto ao microscópio e uma torre é pequena se a compararmos com uma montanha. E se o preço é determinado pela relação entre a oferta e a procura, o que é que determina a relação entre a oferta e a procura?

Dirijamo-nos ao primeiro burguês que nos apareça. Ele não hesitará um momento e, qual novo Alexandre Magno, cortará este nó[2] metafísico com a tábua de multiplicar. Dirá: se a produção da mercadoria que vendo me custou 100 marcos e se faço 110 marcos com a venda dessa mercadoria – no prazo de um ano, entenda-se – esse lucro é um lucro correto, honesto e legítimo. Mas, se recebo, na troca 120, 130 marcos, é um lucro elevado; se eu fizer 200 marcos, será, então um lucro extraordinário, enorme. Que é que serve, portanto, ao burguês para *medir* seu lucro? Os *custos de produção* da sua mercadoria. Se na troca dessa mercadoria recebe uma quantidade de outras mercadorias cuja produção custou menos, ele perdeu. Se na troca da mercadoria recebe uma quantidade de outras mercadorias cuja produção custou mais, então ganhou. Ele calcula a baixa ou a alta do lucro segundo a proporção em que se encontra o valor de troca da sua mercadoria, abaixo ou acima de zero, ou seja, dos *custos de produção*.

Assim, vimos como a relação variável entre oferta e procura provoca ora a alta, ora a baixa dos preços, provocando ora preços elevados, ora preços baixos. Se o preço de uma mercadoria sobe consideravelmente em razão da falta de oferta ou de uma procura que cresce desproporcionadamente, então o preço de alguma outra

---

[2] Alusão à lenda do nó extremamente complicado com que Górdio, rei da Frígia, atou o jugo ao timão do seu carro; segundo um oráculo, quem desatasse esse nó se tornaria senhor da Ásia. Alexandre da Macedônia, em vez de tentar desenredar o nó, cortou-o com a espada.

mercadoria, necessariamente, cairá em proporção, pois o preço de uma mercadoria apenas exprime, em dinheiro, a proporção em que outras mercadorias são trocadas por ela. Se, por exemplo, o preço de uma vara de seda sobe de 5 para 6 marcos, então o preço da prata* cai em relação à seda e, do mesmo modo, cai o preço, em relação à seda, de todas as outras mercadorias que permaneceram com seus antigos preços. Será necessária uma maior quantidade delas para trocar pela mesma quantidade de seda.

Qual será a consequência do aumento do preço de uma mercadoria? Uma massa de capitais afluirá ao ramo florescente da indústria, e essa imigração de capitais para a área da indústria favorecida persistirá até que ela deixe de dar os lucros habituais, ou melhor, até que o preço dos seus produtos, devido à superprodução, desça abaixo dos custos de produção.

E inversamente. Se o preço de uma mercadoria cai abaixo dos seus custos de produção, então os capitais se retrairão da produção dessa mercadoria. Excetuado o caso em que um ramo da indústria tenha se tornado obsoleto e, portanto, fadado a desaparecer, a produção dessa mercadoria, isto é, a sua oferta, diminuirá devido a essa fuga dos capitais até que corresponda à procura, ou seja, até que o seu preço volte a subir no nível dos seus custos de produção, ou melhor, até que a oferta seja menor do que a procura, isto é, até que o seu preço suba de novo acima dos seus custos de produção, *pois o preço corrente de uma mercadoria está sempre acima ou abaixo dos seus custos de produção.*

Vemos como os capitais emigram ou imigram continuamente, da área de uma indústria para a de outra. O preço elevado provoca uma forte imigração e o preço baixo, uma forte emigração.

---

* A prata era um dos padrões monetários utilizados naquela época.

Poderíamos também, mostrar que de um outro ponto de vista, além da oferta a procura também é determinada pelos custos de produção. Mas isso nos afastaria demasiado do nosso objeto.

Acabamos de ver como as oscilações da oferta e da procura reconduzem sempre o preço de uma mercadoria aos seus custos de produção. *É fato que o preço real de uma mercadoria está sempre acima ou abaixo dos custos de produção; mas a alta e a baixa dos preços se compensam mutuamente*, de forma que, num determinado período de tempo, calculados conjuntamente o fluxo e o refluxo da indústria, as mercadorias são trocadas umas pelas outras de acordo com os seus custos de produção. O preço delas é, portanto, determinado pelos seus custos de produção.

Essa determinação dos preços pelos custos de produção não deve ser entendida no sentido que economistas lhe dão. Os economistas dizem que o *preço médio* das mercadorias é igual aos custos de produção; que isso é a *lei*. Consideram como obra do acaso o movimento anárquico em que a alta é compensada pela baixa e a baixa pela alta. Com o mesmo direito, poderíamos considerar, tal como aconteceu também com outros economistas, as oscilações como lei e a determinação pelos custos de produção como obra do acaso. Mas são precisamente essas oscilações que, consideradas mais de perto, provocam as mais terríveis devastações e, como um terremoto, abalam a sociedade burguesa nos seus alicerces: são exclusivamente essas oscilações que, no seu curso, determinam o preço pelos custos de produção. O movimento global dessa desordem é a sua ordem. No curso dessa anarquia industrial, nesse movimento circular, a concorrência compensa, por assim dizer, um excesso com outro.

Vemos, portanto, que o preço de uma mercadoria é determinado pelos seus custos de produção, de tal modo que os tempos em que o preço dessa mercadoria sobe acima dos custos de produção são compensados pelos tempos em que ele cai abaixo dos custos de produção, e inversamente. Isto não é válido, naturalmente, para um único produto da indústria, mas apenas para o ramo inteiro da indústria. Isso também não é válido, portanto, para o industrial individual, mas apenas para a classe inteira dos industriais.

A determinação do preço pelos custos de produção é igual à determinação do preço pelo tempo de trabalho necessário para a produção de uma mercadoria, pois os custos de produção se compõem de: 1. matérias-primas e desgaste de instrumentos, isto é, de produtos industriais cuja produção custou uma certa quantidade de dias de trabalho, que representam, portanto, uma certa quantidade de tempo de trabalho; 2. trabalho direto, cuja medida é precisamente o tempo.

Ora, as mesmas leis gerais que regulam o preço das mercadorias em geral, também regulam naturalmente *o salário, o preço do trabalho.*

O salário do trabalho subirá ou cairá conforme a relação de oferta e procura, de acordo com a forma que assumir a concorrência entre os compradores da força de trabalho, os capitalistas, e os vendedores da força de trabalho, os operários. As oscilações dos preços das mercadorias em geral correspondem às oscilações do salário. *Mas, dentro dessas oscilações, o preço do trabalho será determinado pelos custos de produção, pelo tempo de trabalho necessário para produzir esta mercadoria: a força de trabalho.*

Ora, quais são os custos de produção da força de trabalho?

São os custos necessários para manter o operário como operário e para fazer dele um operário.

Por isso, quanto menor for o tempo de formação profissional exigido por um trabalho, menores serão os custos de produção do operário, menor será o preço do seu trabalho, o seu salário. Nos ramos da indústria em que quase não se exige tempo de aprendizagem e a mera existência física do operário basta, os custos exigidos para a produção do operário reduzem-se quase somente às mercadorias indispensáveis para mantê-lo vivo em condições de trabalhar. *O preço do seu trabalho* será, portanto, determinado pelo *preço dos meios de existência necessários*.

Entretanto, temos ainda uma outra consideração. O fabricante, que calcula os seus custos de produção e por eles o preço dos produtos, leva em consideração o desgaste dos instrumentos de trabalho. Se uma máquina lhe custa, por exemplo, mil marcos e se ela se desgasta em dez anos, ele acrescenta 100 marcos por ano ao preço da mercadoria, para, no fim de dez anos, substituir a máquina usada por uma nova. Do mesmo modo, devem de ser incluídos, nos custos de produção da força de trabalho simples, os custos de reprodução pelos quais a espécie operária é posta em condições de se multiplicar e de substituir os operários usados por operários novos. O desgaste do operário é, portanto, levado em conta do mesmo modo que o desgaste da máquina.

Os custos de produção da força de trabalho simples se compõem, portanto, dos *custos de existência e de reprodução do operário*. O preço desses custos de existência e de reprodução constitui o salário. O salário assim determinado chama-se o *mínimo de salário*. Esse mínimo de salário, tal como a determinação do preço das mercadorias pelos custos de produção em geral, é válido para a *espécie* e não para o *indivíduo isolado*. Operários individuais, milhões de operários, não recebem o suficiente para existir e se reproduzir; *mas o salário de toda a classe operária* nivela-se, dentro de suas oscilações, a esse mínimo.

Agora que nos entendemos sobre as leis mais gerais que regulam tanto o salário quanto o preço de qualquer outra mercadoria, podemos examinar o nosso assunto com mais profundidade.

O capital é constituído de matérias-primas, instrumentos de trabalho e meios de subsistência de toda a espécie, que são empregados para produzir novas matérias-primas, novos instrumentos de trabalho e novos meios de subsistência. Todas essas partes constitutivas do capital são criações do trabalho, produtos do trabalho, *trabalho acumulado*. Trabalho acumulado que serve de meio para nova produção é capital.

É isso o que dizem os economistas.

Que é um escravo negro? Um homem da raça negra. Essa explicação vale tanto quanto a outra.

Um negro é um negro. Só em determinadas condições é que se torna escravo. Uma máquina de fiar algodão é uma máquina para fiar algodão. Apenas em determinadas condições ela se torna *capital*. Fora dessas condições, ela é tampouco capital como o ouro, por si próprio, é *dinheiro*, ou como o açúcar é o preço do açúcar.

Na produção, os homens não agem apenas sobre a natureza, mas também uns sobre os outros. Eles somente produzem colaborando entre si de um modo determinado e trocando entre si as suas atividades. Para produzirem, contraem determinadas ligações e relações mútuas, e é somente no interior desses vínculos e relações sociais que se efetua a sua ação sobre a natureza, isto é, que se realiza a produção.

Essas relações sociais – que os produtores estabelecem entre si e as condições em que trocam as suas atividades e participam no conjunto da produção – variarão naturalmente de acordo com o caráter dos meios de produção. Com a invenção de um novo instrumento de guerra, a arma de fogo, alterou-se necessariamente toda a organização interna do exército; transformaram-se as condições no seio das quais os indivíduos formam um exército e podem atuar como exército, alterou-se também a relação dos diversos exércitos entre si.

As relações sociais em que os indivíduos produzem, *as relações sociais de produção alteram-se, portanto, transformam-se com a alteração e o desenvolvimento dos meios materiais de produção, as forças de produção. As relações de produção, na sua totalidade, formam aquilo a que se dá o nome de relações sociais, a sociedade, e, na verdade, uma sociedade num estágio histórico e determinado de desenvolvimento*, uma sociedade com caráter próprio, diferenciado. A sociedade *antiga*, a sociedade *feudal*, a sociedade *burguesa* são conjuntos de relações de produção desse tipo, e cada uma delas caracteriza, ao mesmo tempo, um estágio particular de desenvolvimento na história da humanidade.

O *capital* também é uma relação social de produção. *É uma relação burguesa de produção*, uma relação de produção da sociedade burguesa. Os meios de subsistência, os instrumentos de trabalho, as matérias-primas de que se compõe o capital – não foram eles produzidos e acumulados em dadas condições sociais, em determinadas relações sociais? Não são eles empregados para uma nova produção em dadas condições sociais, em determinadas relações sociais? E não é precisamente esse caráter social determinado que transforma *em capital* os produtos destinados à nova produção?

O capital não consiste apenas de meios de subsistência, instrumentos de trabalho e matérias-primas, não consiste apenas de produtos materiais; compõe-se igualmente de *valores de troca*. Todos os produtos de que se compõe são *mercadorias*. O capital não é, portanto, apenas uma soma de produtos materiais, é também uma soma de mercadorias, de valores de troca, *de grandezas sociais*.

O capital permanece o mesmo quer nós coloquemos algodão no lugar da lã, arroz no lugar de trigo, barcos a vapor no lugar de ferrovias, apenas com a condição de o algodão, o arroz, os barcos a vapor – a matéria do capital – terem o mesmo valor de troca, o mesmo preço que a lã, o trigo, as ferrovias, em que anteriormente se materializava. A matéria do capital pode se transformar continuamente sem que o capital sofra a menor alteração.

Porém, embora todo capital seja uma soma de mercadorias, isto é, de valores de troca, nem toda soma de mercadorias, de valores de troca, será, por isso, capital.

Toda soma de valores de troca é um valor de troca. Cada valor de troca é uma soma de valores de troca. Por exemplo, uma casa no valor de mil marcos é um valor de troca de mil marcos. Um pedaço de papel no valor de um *pfennig* é uma soma de valores de troca de 100/100 de *pfennig*. Produtos trocáveis por outros são *mercadorias*. A relação determinada segundo a qual são trocáveis constitui o seu *valor de troca* ou, expresso em dinheiro, o seu *preço*. A massa desses produtos nada pode alterar na sua determinação como *mercadoria* ou como representando um *valor de troca*, ou como tendo um *preço* determinado. Seja grande ou pequena, uma árvore é sempre uma árvore. Se trocarmos o ferro, em onças ou em quintais, por outros produtos, estaremos alterando o seu caráter de mercadoria, de valor de troca? De acordo com a quantidade, uma mercadoria tem maior ou menor valor, tem um preço mais alto ou mais baixo.

Como, então, uma soma de mercadorias, de valores de troca, se transforma em capital?

Pelo fato de, como *poder* social autônomo, isto é, como poder *de uma parte da sociedade*, se manter e se multiplicar *por meio da troca com a força de trabalho viva, imediata*. A existência de uma classe que nada possui senão a capacidade de trabalho é uma condição prévia necessária do capital.

Somente quando o trabalho objetivado, passado, acumulado, domina sobre o trabalho vivo, imediato, é que o trabalho acumulado se transforma em capital.

O capital não consiste no fato de o trabalho acumulado servir ao trabalho vivo como meio para nova produção. Consiste no fato de o trabalho vivo servir ao trabalho acumulado como meio para manter e aumentar o seu valor de troca.

Mas o que se passa na troca entre capitalista e operário assalariado?

O operário recebe meios de subsistência em troca da sua força de trabalho, mas o capitalista, em troca dos seus meios de subsistência, recebe trabalho, a atividade produtiva do operário, a força criadora por meio da qual o operário não só restitui o que consome, mas também dá *ao trabalho acumulado um valor superior ao que ele anteriormente possuía*. O operário recebe do capitalista uma parte dos meios de subsistência existentes. Para que lhe servem esses meios de subsistência? Para o seu consumo imediato. Mas logo que eu consumo os meios de subsistência, eles ficam irremediavelmente perdidos para mim, a menos que eu aproveite o tempo, durante o qual esses meios me conservam vivo para produzir novos meios de subsistência, na criação, pelo trabalho, de novos valores, em substituição aos valores que fiz desaparecer com o consumo. Mas é precisamente essa nobre força reprodutiva que o operário cede ao capital em troca de meios de subsistência recebidos. Consequentemente, ele a perde.

Vejamos um exemplo: um fazendeiro dá ao seu diarista 5 groschen* de prata por dia. Pelos 5 groschen de prata, o diarista trabalha o dia inteiro no campo do fazendeiro e assegura-lhe uma receita de 10 groschen de prata. O fazendeiro não recu-

---

* Groschen: pequena moeda de 10 *pfennig*, ou 1/10 de marco.

pera apenas os valores que tem de entregar ao diarista; mas os recupera em dobro. Ele aplicou, gastou, portanto, de um modo fértil, produtivo, os 5 groschen de prata que deu ao diarista. Pelos 5 groschen de prata, precisamente, ele comprou o trabalho e a força do trabalhador, os quais fazem surgir da terra produtos com o dobro do valor, que transformam 5 groschen de prata em 10 groschen de prata. O diarista, ao contrário, recebe, em lugar da sua força produtiva – cujos frutos ele entregou ao fazendeiro –, 5 groschen de prata, que troca por meios de subsistência, meios de subsistência que ele consome mais depressa ou mais devagar. Os 5 groschen de prata foram, portanto, consumidos de um modo duplo: *reprodutivamente* para o capital, pois foram trocados por uma força de trabalho* que deu origem a 10 groschen de prata; *improdutivamente* para o operário, pois foram trocados por meios de subsistência que desapareceram para sempre e cujo valor ele só pode obter de novo repetindo a mesma troca com o fazendeiro. *O capital pressupõe, portanto, o trabalho assalariado; o trabalho assalariado pressupõe o capital*. Eles determinam-se reciprocamente; eles engendram-se reciprocamente.

Um operário numa fábrica de algodão só produz tecidos de algodão? Não, produz capital. Produz valores que de novo servem para comandar o seu trabalho e, por meio deste, para criar novos valores.

O capital só pode se multiplicar sendo trocado por força de trabalho, criando o trabalho assalariado. A força de trabalho do operário assalariado só pode ser trocada por capital, multiplicando-o, fortalecendo o poder de que ele é escravo. *Multiplicação do capital é, por isso, multiplicação do proletariado, isto é, da classe operária.*

---

* No original: *Arbeitskraft*. Não se trata duma emenda de Engels, para a edição de 1891, mas da palavra usada por Marx para o texto da *Neue Rheinische Zeitung*.

O interesse do capitalista e do operário é, portanto, o *mesmo*, afirmam os burgueses e os seus economistas. E de fato! O operário morre se o capital não o emprega. O capital desaparece se não explora a força de trabalho e, para a explorá-la, é preciso comprá-la. Quanto mais depressa se multiplicar o capital destinado à produção, o capital produtivo, mais florescente, por isso, a indústria, mais se enriquece a burguesia, melhores serão os negócios, de mais operários precisa o capitalista, mais caro se vende o operário.

A condição indispensável para uma situação aceitável do operário *é, portanto, o crescimento mais rápido possível do capital produtivo.*

Mas o que significa o crescimento do capital produtivo? Significa o crescimento do poder do trabalho acumulado sobre o trabalho vivo, o aumento do domínio da burguesia sobre a classe trabalhadora. Se o trabalho assalariado produz a riqueza estranha que o domina, o poder que lhe é hostil – o capital – ressurgem para ele seus meios de ocupação, isto é, seus meios de subsistência, sob a condição de que ele se faça de novo uma parte do capital, a alavanca que lhe imprime novamente um movimento acelerado de crescimento.

Dizer que os interesses do capital e os interesses dos operários são os mesmos significa apenas que capital e trabalho assalariado são dois aspectos de uma mesma relação. Um condiciona o outro como o usurário e o perdulário se condicionam reciprocamente.

Enquanto o operário assalariado for operário assalariado, a sua sorte dependerá do capital. Essa a tão enaltecida comunhão de interesses entre o operário e o capitalista.

Quando o capital cresce, então cresce a massa do trabalho assalariado, eleva-se o número dos operários assalariados, numa palavra: o domínio do capital estende-se sobre uma massa maior de indivíduos. E suponhamos o caso mais favorável: quando o capital produtivo cresce, cresce a procura do trabalho. Sobe, portanto, o preço do trabalho, o salário.

Uma casa pode ser grande ou pequena; enquanto as casas que a rodeiam são igualmente pequenas, ela satisfaz todas as exigências sociais de uma habitação. Erga-se, porém, um palácio ao lado da casa pequena, e eis a casa pequena reduzida a uma choupana. A casa pequena prova, agora, que o seu dono não tem, ou tem apenas as mais modestas exigências a alimentar. E por mais alto que suba no curso da civilização, se o palácio vizinho crescer no mesmo ou em maior ritmo, o habitante da casa relativamente pequena sentir-se-á cada vez mais desconfortável, mais insatisfeito, mais oprimido entre as suas quatro paredes.

Um aumento sensível do salário pressupõe um rápido crescimento do capital produtivo. O rápido crescimento do capital produtivo provoca crescimento igualmente rápido da riqueza, do luxo, das necessidades sociais e dos prazeres sociais. Embora, portanto, os prazeres do operário tenham subido, a satisfação social que estes lhe dão baixou em comparação com os prazeres multiplicados do capitalista, que são inacessíveis ao operário, em comparação com o nível de desenvolvimento da sociedade em geral. As nossas necessidades e prazeres derivam da sociedade; eles são medidos, assim, pela sociedade; não os medimos pelos objetos da sua satisfação. Por serem de natureza social, são de natureza relativa.

O salário não é, em geral, determinado pela massa de mercadorias que por ele posso trocar. Ele contém várias relações.

O que os operários recebem primeiro pela sua força de trabalho é uma determinada soma em dinheiro. O salário é determinado apenas por esse preço em dinheiro?

No século XVI, o ouro e a prata em circulação na Europa aumentaram em consequência da descoberta de minas mais ricas e mais fáceis de trabalhar na América. Por isso, o valor do ouro e da prata baixou em relação às outras mercadorias. Os operários continuaram a receber, tal como antes, a mesma quantidade de prata cunhada em troca da sua força de trabalho. O preço em dinheiro do seu trabalho continuou o mesmo e, contudo, o seu salário caiu, pois em troca da mesma quantidade de prata passaram a receber uma soma menor de outras mercadorias. Foi essa uma das circunstâncias que fomentaram o crescimento do capital e a ascensão da burguesia no século XVI.

Vejamos um outro caso. No inverno de 1847, em consequência de uma má colheita, os meios de subsistência mais indispensáveis, cereais, carne, manteiga, queijo etc., haviam subido significativamente de preço. Admitamos que os operários continuaram recebendo, tal como antes, a mesma soma em dinheiro pela sua força de trabalho. O salário deles não caiu? Certamente que sim. Pelo mesmo dinheiro, passaram a receber, em troca, menos pão, carne etc. O seu salário caiu não porque o valor da prata houvesse diminuído, mas porque o valor dos meios de subsistência aumentaram.

Admitamos, finalmente, que o preço do trabalho em dinheiro permanecia o mesmo, ao passo que todas as mercadorias da agricultura e da manufatura teriam baixado de preço em consequência da aplicação de novas máquinas, de uma estação favorável etc. Pelo mesmo dinheiro, os operários podem agora comprar mais mercadorias de toda a espécie. O seu salário, portanto, subiu, precisamente porque o valor em dinheiro do mesmo não se alterou.

O preço em dinheiro do trabalho, o salário nominal, não coincide, portanto, com o salário real, isto é, com a soma de mercadorias que é realmente dada em troca do salário. Ao falarmos, portanto, do aumento ou da queda do salário, não temos de considerar apenas o preço em dinheiro do trabalho, o salário nominal.

Mas nem o salário nominal, isto é, a soma em dinheiro pela qual o operário se vende ao capitalista, nem o salário real, isto é, a soma de mercadorias que ele pode comprar com esse dinheiro, esgotam as relações contidas no salário.

O salário é, sobretudo, determinado ainda pela sua relação com o ganho, com o lucro do capitalista – salário comparativo, relativo.

O salário real exprime o preço do trabalho em relação ao preço das outras mercadorias; por outro lado, o salário relativo [exprime] a cota-parte do trabalho direto no novo valor por ele criado, em relação à cota-parte dele que cabe ao trabalho acumulado, ao capital.

Dissemos antes: "O salário não é, portanto, uma cota-parte do operário na mercadoria por ele produzida. O salário é a parte de mercadoria já existente, com a qual o capitalista compra, para si, uma determinada quantidade de força de trabalho produtiva." Entretanto, é necessário que o capitalista recupere esse salário no preço pelo qual venderá o produto fabricado pelo operário; tem de recupera-lo de modo que, ao fazê-lo, lhe reste ainda, em geral, um excedente sobre os custos de produção, um lucro. O preço de venda da mercadoria fabricada pelo operário divide-se, para o capitalista, em três partes: *primeira*, a reposição do preço das matérias-primas por ele adiantadas, assim como a reposição do que se desgastou nas ferramentas, máquinas e outros meios de trabalho, igualmente adiantados por ele; *segunda*, a reposição do salário adiantado por ele; *terceira*, o excedente que resta, o lucro do capitalista. Enquanto a primeira parte repõe apenas *valores anteriormente existentes*, é evidente que tanto a reposição do salário quanto a do lucro do capitalista (o excedente), no seu todo, provêm do *novo valor criado pelo trabalho do operário* e acrescentado às matérias-primas. E *nesse sentido* podemos considerar tanto o salário quanto o lucro, quando os compararmos um com o outro, como cotas-parte no produto do operário.

O salário real pode permanecer o mesmo, pode até subir, e, não obstante, o salário relativo pode cair. Suponhamos, por exemplo, que todos os meios de subsistência tenham descido $^2/_3$ de preço, ao passo que o salário diário caíra apenas $^1/_3$, por exemplo, de 3 marcos para 2 marcos. Embora o operário, com estes 2 marcos, disponha de uma soma maior de mercadorias do que antes com 3 marcos, o seu salário, contudo, diminuiu em relação com o ganho do capitalista. O lucro do capitalista (por exemplo, do fabricante) aumentou de um marco, isto é, por uma soma menor de valores de troca que paga ao operário, o operário tem de produzir uma soma maior de valores de troca do que anteriormente. A cota-parte do capital subiu em relação à cota-parte do trabalho. A repartição da riqueza social entre capital e trabalho tornou-se ainda mais desigual. O capitalista domina com o mesmo capital uma quantidade maior de trabalho. O poder da classe dos capitalistas sobre a classe operária cresceu, a posição social do operário piorou, caiu mais um degrau em relação à do capitalista.

Ora, qual é a lei geral que determina a queda e a alta do salário e do lucro na sua relação recíproca?

Estão na razão inversa um do outro. A cota-parte do capital, o lucro, sobe na mesma proporção em que a cota-parte do trabalho, o salário, cai, e inversamente. O lucro sobe na medida em que o salário cai, e cai na medida em que o salário sobe.

Talvez se objete que o capitalista pode ganhar pela troca vantajosa dos seus produtos com outros capitalistas, seja pela maior procura da sua mercadoria, seja em consequência da abertura de novos mercados, seja em consequência de um aumento temporário das necessidades dos velhos mercados etc.; que o lucro do capitalista pode, portanto, aumentar às custas de outros capitalistas, independentemente da alta e da queda do salário, do valor de troca da força de trabalho; ou que o lucro do capitalista pode também subir graças ao aperfeiçoamento dos instrumentos de trabalho, da nova aplicação de forças da natureza etc.

Em primeiro lugar, terá de se admitir que o resultado permanece o mesmo, ainda que tenha sido provocado pela via inversa. O lucro não subiu, de fato, porque o salário caiu, mas o salário caiu porque o lucro subiu. O capitalista adquiriu, com a mesma soma de trabalho alheio, uma soma maior de valores de troca sem ter por isso pago mais caro o trabalho; isso significa, portanto, que o trabalho é pior remunerado em relação com a receita líquida que rendeu ao capitalista.

Além disso, lembremos que, apesar das variações dos preços das mercadorias, o preço médio de cada mercadoria, a relação em que se troca por outras mercadorias, é determinado pelos seus *custos de produção*. No seio da classe dos capitalistas, as vantagens conseguidas por uns às custas de outros equilibram-se, por isso, necessariamente. O aperfeiçoamento da maquinaria, a nova aplicação de forças da natureza a serviço da produção capacitam, num dado tempo de trabalho, a criação, com a mesma soma de trabalho e capital, de uma massa maior de produtos, mas, de modo algum, uma massa maior de valores de troca. Se, pela aplicação da máquina de fiar, posso fornecer em uma hora o dobro do fio que fornecia antes da sua invenção, por exemplo, 50 quilos em vez de 25, eu não recebo em longo prazo, por esses 50 quilos, mais mercadorias em troca do que antes recebia por 25, porque os custos de produção caíram para metade ou porque eu, com os mesmos custos, posso fornecer o dobro do produto.

Finalmente, seja qual for a proporção em que a classe dos capitalistas, a burguesia, seja de um país, seja de todo o mercado mundial, reparta entre si a receita líquida da produção, a soma total dessa receita líquida é sempre apenas a soma com que o trabalho acumulado, no seu todo, foi aumentado pelo trabalho direto. Essa soma global cresce, portanto, na proporção em que o trabalho aumenta o capital, ou seja, na proporção em que o lucro sobe em relação ao salário.

Vemos, portanto, que, mesmo quando ficamos *no seio da relação de capital e trabalho assalariado, os interesses do capital e os interesses do trabalho assalariado são diretamente opostos.*

Um rápido aumento do capital é igual a um rápido aumento do lucro. O lucro só pode aumentar rapidamente se o preço do trabalho, se o salário relativo cair com a mesma rapidez. O salário relativo pode descer, embora o salário real suba simultaneamente com o salário nominal, com o valor em dinheiro do trabalho, desde que, porém, não suba na mesma proporção que o lucro. Se, por exemplo, o salário subir 5% num bom período de negócios, e o lucro, ao contrário, subir 30%, então o salário comparativo, o salário relativo *não aumentou*, mas *diminuiu*.

Portanto, se a receita do operário aumenta com o rápido crescimento do capital, a verdade é que, ao mesmo tempo, aumenta o abismo social que afasta o operário do capitalista, aumenta ao mesmo tempo o poder do capital sobre o trabalho, a dependência do trabalho relativamente ao capital.

Afirmar que o operário tem interesse no rápido crescimento do capital significa apenas afirmar que quanto mais depressa o operário aumentar a riqueza alheia, tanto mais gordas serão as migalhas que sobram para ele; quanto mais operários possam ser empregados e se reproduzir, tanto mais se multiplica a massa dos escravos dependentes do capital.

Vimos, portanto, que, mesmo *a situação mais favorável* para a classe operária, o *crescimento mais rápido possível do capital*, por muito que melhore a vida material do operário, não suprime a oposição entre os seus interesses e os interesses burgueses, os interesses do capitalista. *Lucro e salário* permanecem, tal como antes, na *razão inversa* um do outro.

Quando o capital cresce rapidamente, o salário pode subir, mas o lucro do capital cresce incomparavelmente mais depressa. A situação material do operário melhorou, mas às custas da sua situação social. O abismo social que o separa do capitalista ampliou-se.

Por fim, dizer que a condição mais favorável para o trabalho assalariado é o crescimento mais rápido possível do capital produtivo significa apenas dizer que, quanto mais depressa a classe operária aumentar e ampliar o poder que lhe é hostil, a riqueza alheia que lhe dá ordens, tanto mais favoráveis serão as condições que lhe permitem trabalhar de novo para o aumento da riqueza burguesa, para a ampliação do poder do capital; contente [a classe operária] por forjar para si própria as cadeias douradas com as quais a burguesia a arrasta atrás de si.

O crescimento do capital produtivo e o aumento do salário estarão tão inseparavelmente ligados como afirmam os economistas burgueses? Não podemos acreditar na sua palavra. Não podemos acreditar que, como eles próprios dizem, quanto mais gordo o capital, melhor cevado será o seu escravo. A burguesia é lúcida demais, calcula bem demais, para partilhar os preconceitos do senhor feudal que se orgulha do brilho dos seus servos. As condições de existência da burguesia obrigam-na a calcular.

Teremos, por conseguinte, de investigar mais de perto *como o crescimento do capital produtivo age sobre o salário*.

Se o capital produtivo da sociedade burguesa cresce no seu todo, então ocorre uma acumulação *mais ampla* de trabalho. Os capitais aumentam em número e volume. O *aumento* dos capitais aumenta a *concorrência entre os capitalistas*. O *volume crescente* dos capitais fornece os meios para *levar para o campo de batalha industrial exércitos mais poderosos de operários com ferramentas de guerra mais gigantescas*.

Um capitalista só pode pôr outro capitalista em debandada e conquistar-lhe o capital vendendo mais barato. Para poder vender mais barato sem se arruinar tem de produzir mais barato, isto é, aumentar tanto quanto possível a força de produção do trabalho [produtividade]. Mas a força de produção do trabalho é sobretudo aumentada por meio *de uma maior divisão do trabalho*, por meio de uma introdução generalizada e de um aperfeiçoamento constante da *maquinaria*. Quanto maior é o exército de operários entre os quais o trabalho se divide, quanto mais gigantesca a escala em que se introduz a maquinaria, tanto mais diminuem proporcionalmente os custos de produção, tanto mais lucrativo se torna o trabalho. Nasce daqui uma competição generalizada entre os capitalistas para aumentar a divisão do trabalho e a maquinaria para utilizar isso na maior escala possível.

Ora, se um capitalista encontrou – graças à maior divisão do trabalho, graças à aplicação e aperfeiçoamento de novas máquinas, graças à exploração mais vantajosa e maciça das forças da natureza – o meio para criar, com a mesma soma de trabalho ou de trabalho acumulado, uma soma maior de produtos, de mercadorias, do que os seus concorrentes; se ele puder, por exemplo, produzir uma vara de pano no mesmo tempo de trabalho em que os seus concorrentes tecem meia vara de pano – como agirá esse capitalista?

Ele poderia continuar a vender meia vara de pano ao preço até aí vigente no mercado, mas isso, contudo, não seria um meio para pôr em debandada os seus adversários e aumentar as suas próprias vendas. Mas, na mesma medida em que a sua produção se expandiu, expandiu-se para ele a necessidade das vendas. Os meios de produção mais poderosos e caros que colocou em ação *capacitam-no*, de fato, para vender mais barato a sua mercadoria, mas, ao mesmo tempo, *obrigam-no* a *vender mais mercadorias*, a conquistar para as suas mercadorias um mercado muito *maior*. O nosso capitalista venderá, portanto, a sua meia vara de pano mais barato do que os seus concorrentes.

O capitalista, porém, não vai vender a vara inteira pelo mesmo preço que os seus concorrentes vendem a meia vara, embora a produção da vara inteira não lhe custe mais do que a produção de meia vara aos outros capitalistas. Se o fizesse, não ganharia nada extra, pois recuperaria apenas, na troca, os custos de produção. A sua receita eventualmente maior proviria do fato de ter posto em movimento um capital mais elevado, mas não do fato de ter valorizado o seu capital mais do que os outros. Além disso, ele atinge o objetivo que quer atingir se fixar o preço da sua mercadoria algum percentual abaixo do preço dos seus concorrentes. *Vendendo mais barato*, põe seus concorrentes em debandada, rouba-lhes pelo menos uma parte do mercado. E nós, por fim, recordamos que o preço corrente está sempre *acima ou abaixo dos custos de produção*, conforme a venda de uma mercadoria coincidir com a temporada favorável ou desfavorável à indústria. Conforme o preço de mercado da vara de pano esteja abaixo ou acima dos seus custos de produção até então vigentes, o capitalista que empregou meios de produção novos e mais lucrativos venderá acima dos seus custos de produção reais, segundo percentuais variáveis.

Contudo, o *privilégio* do nosso capitalista não é de longa duração; outros capitalistas concorrentes introduzem as mesmas máquinas, a mesma divisão do trabalho, introduzem-nas à mesma escala ou a uma escala superior, e essa introdução torna-se tão generalizada até que o preço do pano cai não somente *abaixo dos seus antigos custos de produção*, mas também *abaixo dos novos custos*.

Os capitalistas encontram-se, portanto, em relação uns aos outros, na mesma situação em que se encontravam *antes* da introdução dos novos meios de produção e, se, com esses novos meios, podem fornecer o dobro do produto pelo mesmo preço, *agora* são obrigados a fornecer o dobro do produto *abaixo* do preço antigo. No plano desses novos custos de produção começa outra vez o mesmo jogo. Mais divisão do trabalho, mais maquinaria, maior escala a que divisão do trabalho e maquinaria são exploradas. E a concorrência produz de novo, contra esse resultado, o mesmo efeito contrário.

Vemos como o modo de produção, os meios de produção são assim continuamente transformados, revolucionados; *como a divisão do trabalho traz necessariamente consigo uma maior divisão do trabalho; a aplicação de maquinaria, uma maior aplicação de maquinaria; o trabalho em grande escala, um trabalho em maior escala.*

É essa a lei que faz a produção burguesa sair constantemente dos seus velhos trilhos e obriga o capital a intensificar as forças de produção do trabalho, *porque* as intensificou, a lei não lhe concede nenhum descanso e permanentemente lhe sussurra: Em frente! Em frente!

Essa é a lei que, dentro dos limites das oscilações das épocas do comércio, necessariamente *equilibra* o preço de uma mercadoria com os seus *custos de produção*.

Quaisquer que sejam os meios de produção poderosos que um capitalista põe em campo, a concorrência generalizará esses meios de produção e, a partir desse momento, a única vantagem do maior rendimento do seu capital é a de fornecer, *pelo mesmo preço*, 10, 20, 100 vezes mais do que anteriormente. Porém, como o capitalista tem de vender talvez mil vezes mais para compensar, pela massa maior do produto vendido, o preço de venda mais baixo, porque agora é necessária uma venda mais maciça não só ele para ganhar mais, mas também para repor os custos de produção – o próprio instrumento de produção, como vimos, torna-se cada vez mais caro –, e porque essa venda maciça tornou-se uma questão vital não apenas para ele, mas também para os seus rivais, a velha luta se faz *tanto mais violenta quanto mais lucrativos forem os meios de produção já inventados. A divisão do trabalho e a aplicação da maquinaria continuarão, portanto, a se desenvolver numa escala incomparavelmente maior.*

Qualquer que seja o poder dos meios de produção empregados, a concorrência procura roubar ao capital os frutos dourados desse poder reconduzindo o preço da mercadoria aos custos de produção, tornando, por conseguinte – na medida em que se pode produzir mais barato, isto é, em que com a mesma soma de trabalho se pode produzir mais – a produção mais barata, tornando o fornecimento de massas cada vez maiores de produto pela mesma soma de preço uma lei imperativa. Desse modo, o capitalista nada teria ganho com os seus próprios esforços a não ser a obrigação de fornecer mais no mesmo tempo de trabalho; em uma palavra, *condições mais difíceis de valorização do seu capital*. Assim, enquanto a concorrência o persegue permanentemente com a sua lei dos custos de produção, e todas as armas que ele forja contra os seus rivais se viram como armas contra ele próprio, o capitalista procura permanentemente levar a melhor sobre a concorrência introduzindo incansavelmente novas máquinas – certamente mais caras, mas que produzem mais barato – e divisões do trabalho em substituição das velhas e sem esperar que a concorrência torne obsoletas as novas.

Imaginemos agora essa agitação febril ao mesmo tempo em *todo o mercado mundial* e compreende-se como o crescimento, a acumulação e concentração do capital têm por consequência uma divisão do trabalho, uma aplicação de nova e um aperfeiçoamento de velha maquinaria ininterruptos, que se precipitam uns sobre os outros e executados em uma escala cada vez mais gigantesca.

Mas como atuam essas circunstâncias, que são inseparáveis do crescimento do capital produtivo, sobre a determinação do salário?

A maior *divisão do trabalho* capacita *um* operário a fazer o trabalho de 5, 10, 20: ela aumenta, portanto, 5, 10, 20 vezes a concorrência entre os operários. Os operários não fazem concorrência uns aos outros apenas quando um se vende mais barato do que o outro; fazem concorrência uns aos outros quando *um* executa o trabalho de 5, 10, 20; é a *divisão do trabalho* introduzida e constantemente aumentada pelo capital que obriga os operários a fazer essa espécie de concorrência.

Mais ainda: na medida em que aumenta a *divisão do trabalho simplifica-se* o trabalho. A habilidade especial do operário torna-se sem valor. Ele é transformado numa força produtiva simples, monótona, que não tem de pôr em jogo energias físicas nem intelectuais. O seu trabalho torna-se trabalho acessível a todos. Por isso, de todos os lados, seus concorrentes fazem pressão e, além disso, devemos nos lembrar de que, quanto mais simples, mais fácil de aprender é o trabalho, quanto menos custos de produção são necessários para se apropriar do mesmo, tanto mais baixo será o salário, pois, tal como o preço de todas as outras mercadorias, ele é determinado pelos custos de produção.

Na medida, portanto, em que o trabalho dá menos satisfação e se torna mais repugnante, nessa mesma medida aumenta a concorrência e diminui o salário. O operário procura manter a massa do seu salário trabalhando mais, seja trabalhando mais horas, seja produzindo mais no mesmo tempo. Pressionado pelas privações, aumenta ainda mais os efeitos funestos da divisão do trabalho. O resultado é: *quanto mais trabalha menos salário recebe*. E precisamente pela simples razão de que, na medida em que faz concorrência aos seus companheiros operários, faz, portanto, dos seus companheiros operários outros tantos concorrentes, os quais se oferecem em condições tão ruins como ele próprio, porque ele, por conseguinte, em última instância, *faz concorrência a si mesmo, a si mesmo como membro da classe operária.*

A *maquinaria* produz os mesmos efeitos numa escala muito maior, ao impor a substituição de operários especializados por operários não especializados, de homens por mulheres, de adultos por crianças, pois a maquinaria, onde é introduzida pela primeira vez, lança os operários manuais em massa na rua; e onde é desenvolvida, aperfeiçoada, substituída por máquinas de maior rendimento, despede operários em grupos menores. Retratamos atrás, rapidamente, a guerra industrial dos capitalistas entre si; *essa guerra tem a particularidade de nela as batalhas serem ganhas menos pela contratação e mais pela dispensa do exército operário. Os generais, os capitalistas disputam entre si quem pode dispensar mais soldados da indústria.*

Os economistas afirmam, certamente, que os operários tornados desnecessários pelas máquinas encontram *novos* ramos de ocupação.

Eles não se atrevem a afirmar diretamente que aqueles mesmos operários que foram despedidos arranjam emprego em novos setores do trabalho. Os fatos contra essa mentira são demasiado gritantes. Eles, de fato, somente afirmam que, para *outras partes constitutivas da classe operária*, por exemplo, para a parte da jovem geração operária que já estava pronta para entrar no ramo da indústria desativado, novos meios de ocupação se apresentarão. Esse é, naturalmente, um grande consolo para os operários desempregados. Não faltarão aos senhores capitalistas carne e sangue frescos para serem explorados e aos mortos será determinado que enterrem seus mortos. Isso é mais um consolo que os burgueses oferecem a si mesmos do que aos operários. Se a classe inteira dos operários assalariados fosse aniquilada pela maquinaria, que horror para o capital, o qual sem trabalho assalariado deixa de ser capital!

Suponhamos, porém, que todos os operários que foram diretamente desempregados pela maquinaria e todo o conjunto da nova geração, que já esperava ocupar um lugar, *encontram uma nova ocupação*. Podemos acreditar que a mesma será tão bem paga como a que eles perderam? *Isso contradiria todas as leis da economia*. Vimos como a indústria moderna traz sempre consigo a substituição de uma ocupação complexa, superior, por outra mais simples, inferior.

Como poderia, portanto, uma massa de operários despedida de um setor da indústria pela maquinaria encontrar refúgio em um outro setor, *sem ser pior remunerada*?

São apresentados como exceção os operários que trabalham na fabricação da própria maquinaria. Se a indústria requer e consome mais maquinaria, o número de máquinas terá necessariamente de aumentar e, portanto, aumentará a fabricação de máquinas e, portanto, a ocupação de operários na fabricação de máquinas; e os operários empregados nesse ramo da indústria seriam operários especializados, seriam mesmo operários instruídos.

Desde o ano de 1840, essa afirmação, já antes apenas meio verdadeira, perdeu toda a aparência de verdade, porquanto máquinas cada vez mais complexas são usadas tanto para a fabricação de máquinas quanto para a fabricação de fio de algodão, e os operários empregados nas fábricas de máquinas só podem desempenhar, face a máquinas altamente aperfeiçoadas, a posição de máquinas altamente primitivas.

Porém, no lugar do homem despedido pela máquina, a fábrica emprega talvez *três* crianças e *uma* mulher! E o salário do homem não seria suficiente para as *três* crianças e uma mulher? Não deveria o mínimo de salário ser suficiente para manter e multiplicar a espécie? Que prova, portanto, esta agradável expressão burguesa? Nada mais do que agora são consumidas quatro vezes mais vidas operárias do que anteriormente para ganhar o sustento de *uma* única família operária.

Resumamos: *quanto mais cresce o capital produtivo, mais a divisão do trabalho e o emprego da maquinaria se ampliam. Quanto mais se ampliam a divisão do trabalho e o emprego da maquinaria, mais se expande a concorrência entre os operários e mais se contrai o seu salário.*

E, além disso, a classe operária é também recrutada nas *camadas superiores da sociedade*; afunda-se nela uma massa de pequenos industriais e *rentiers* [os que possuem ou vivem de rendimentos – Francês], que não têm nada mais a fazer a não ser erguer os braços ao lado dos braços dos operários. Desse modo, a floresta de braços levantados pedindo trabalho torna-se cada vez mais densa, enquanto os braços se tornam cada vez mais magros.

É compreensível que o pequeno industrial não pode suportar a luta, na qual uma das primeiras condições é produzir sempre em maior escala, ou seja, ser precisamente um grande industrial e não um pequeno.

Que o juro do capital diminui na medida em que aumentam a massa e o número do capital, em que o capital cresce, que, por isso, o pequeno *rentier* já não pode viver do seu rendimento tendo de se lançar, portanto, na indústria, ajudando, portanto, a aumentar as fileiras dos pequenos industriais e, assim, o número de candidatos ao proletariado – tudo isso não precisa de mais explicações.

Finalmente, na medida em que os capitalistas são obrigados, pelo movimento antes descrito, a utilizar em maior escala meios de produção gigantescos já existentes e a pôr em movimento, para tal fim, todas as possibilidades do crédito, nessa mesma medida, aumentam os terremotos industriais, nos quais o mundo do comércio só se mantém sacrificando uma parte da riqueza, uma parte dos produtos e mesmo uma parte das forças de produção aos deuses das profundezas – aumentam, em uma palavra, as crises. Elas se tornam mais frequentes e mais violentas pelo próprio fato de, na medida em que cresce a massa de produtos, portanto, a necessidade de mercados mais extensos, o mercado mundial se contrair cada vez mais, restarem para exploração cada vez menos mercados novos, porque todas as crises anteriores sujeitaram ao comércio mundial mercados até então não explorados, ou apenas superficialmente explorados pelo comércio. O capital, porém, não *vive* só do trabalho. Senhor ao mesmo tempo elegante e bárbaro, arrasta consigo para a cova os cadáveres dos seus escravos, numa verdadeira hecatombe de operários que naufragam nas crises. Vemos assim que, *se o capital cresce rapidamente, incomparavelmente mais depressa cresce a concorrência entre os operários, isto é, os meios de ocupação, os meios de subsistência, para a classe operária, diminuem proporcionalmente ainda mais e, apesar disso, o rápido crescimento do capital é a condição mais favorável para o trabalho assalariado.*

Escrito de fins de março a princípios de abril de 1849 a partir de notas da segunda quinzena de dezembro de 1847.
Publicado segundo o texto de Karl Marx, *Lohnarbeit und Kapital*.
Separata da *Neue Rheinische Zeitung* de 1849.

SALÁRIO, PREÇO E LUCRO

SALÁRIO, PREÇO E LUCRO[1]

KARL MARX

Preliminar

Cidadãos!

Antes de entrar na matéria, permitam-me fazer algumas observações preliminares.

Alastra-se atualmente pelo continente uma verdadeira epidemia de greves e um clamor geral por aumento de salários. A questão será discutida no nosso Congresso.[2] Vocês, como dirigen-

---

[1] O presente escrito é o texto do relatório lido por Marx nas reuniões do Conselho Geral da Primeira Internacional, em junho de 1865. Marx expôs aqui, pela primeira vez, publicamente, as bases da sua teoria da *mais-valia*. Diretamente dirigido contra as concepções erradas de Weston, membro da Internacional, que afirmava que o aumento dos salários não poderia melhorar a condição dos operários e que era preciso considerar perniciosa a ação das *Trade Unions*, este relatório desferiu, ao mesmo tempo, um golpe nos proudhonianos, e também nos lassallianos, que tinham uma atitude negativa quanto à luta econômica dos operários e aos sindicatos. Nele, Marx combate resolutamente os apelos à passividade e à resignação dos proletários perante o capital que os explora, fundamenta teoricamente o papel e a importância da luta econômica dos operários e sublinha a necessidade de a subordinar ao objetivo final do proletariado: a supressão do sistema de trabalho assalariado. O texto do relatório, conservado em manuscrito, foi publicado pela primeira vez em Londres, em 1898, pela filha de Marx, Eleanor, com o título *Value, price and profit* (*Valor, preço e lucro*), e um prefácio de Edward Aveling, seu marido. São de Aveling os títulos da introdução e dos primeiros seis capítulos, que não havia no manuscrito. A presente edição conserva-os, com exceção do título geral.

[2] Em vez do Congresso de Bruxelas de 1865, previsto pelos Estatutos Provisórios, foi convocada a conferência preliminar de Londres.

tes da Associação Internacional, devem ter convicções definidas sobre essa questão fundamental. De minha parte, considerei, portanto, que era meu dever tratar a fundo a matéria, mesmo com o risco de abusar da sua paciência.

Tenho de fazer outra observação preliminar, que se refere ao cidadão Weston. Ele não apenas propôs, mas defendeu publicamente opiniões que ele pensa serem do interesse da classe operária, mas que são opiniões que ele sabe que são profundamente impopulares entre os operários. Todos nós devemos respeitar tal prova de coragem moral. Apesar do estilo despretensioso da minha comunicação, espero que ele compreenda que estou de acordo com o que me parece ser a ideia básica de sua tese, mas que, no entanto, na forma como se apresenta, não posso deixar de considerar como teoricamente falsa e perigosa na prática.

Passarei agora, imediatamente ao assunto que nos interessa.

I - Produção e salário

O argumento do cidadão Weston baseia-se, de fato, em duas premissas: em primeiro lugar, que o *montante da produção nacional* é *algo fixo*, uma quantidade ou uma grandeza *constante*, como diriam os matemáticos; em segundo lugar, que o *montante do salário real*, isto é, do salário medido pela quantidade de mercadorias que pode comprar, é um total *fixo*, uma grandeza *constante*.

Ora, a sua primeira afirmação é, evidentemente, errônea. Ano após ano, veremos que o valor e a massa da produção aumenta, que as forças produtivas [productive powers] do trabalho nacional aumentam e que o total de dinheiro necessário para a circulação dessa produção crescente muda continuamente. O que é verdade no fim do ano, e para anos diferentes comparados uns com os outros, é verdade para cada dia médio do ano. O montante ou grandeza da produção nacional muda continuamente. Não é uma grandeza *constante*, mas *variável*, e, sem levar em conta as mudanças na população, assim tem de ser por causa da contínua mudança na *acumulação de capital* e nas *forças produtivas de trabalho*. É absolutamente certo que, se um *aumento na taxa geral do salário* tivesse lugar hoje, esse aumento, quaisquer que fossem os seus efeitos posteriores, *por si próprio*, não mudaria *imediatamente* o total da produção. Numa primeira instância, partiria do estado de coisas existente. Mas, se *antes* do aumento do salário a produção nacional era *variável* – e não *fixa* – continuará a ser variável e não fixa *depois* da alta do salário.

Supunhamos que o total da produção nacional seja *constante* em vez de *variável*. Mesmo neste caso, o que o nosso amigo Weston considera uma conclusão lógica continuaria sendo uma afirmação gratuita. Se eu tiver um dado número – digamos 8 – os limites *absolutos* desse número não impedem que as suas partes mudem os seus limites *relativos*. Se os lucros fossem 6 e os salários 2, os salários poderiam aumentar para 6 e os lucros cair para 2, mas o total ainda permanecia sendo 8. Por conseguinte, a totalidade fixa da produção de maneira alguma provaria o montante fixo do salário. Como é, então, que o nosso amigo Weston prova esta fixidez? Afirmando-a, simplesmente.

Porém, mesmo considerando verdadeira a sua afirmação, ela teria efeito nos dois lados, enquanto ele a legitima apenas numa direção. Se o montante de salários é uma grandeza constante, então, não pode ser nem aumentado nem diminuído. Então, se ao forçar uma alta temporária dos salários os operários agem estupidamente, os capitalistas, ao forçarem uma queda temporária dos salários, agiriam não menos estupidamente. O nosso amigo Weston não nega que, em certas circunstâncias, os operários *podem* forçar uma alta dos salários, mas, sendo o seu montante naturalmente fixo, provocará necessariamente uma reação. Por outro lado, ele sabe também que os capitalistas *podem* forçar uma queda dos salários e, na verdade, continuamente tentam forçá-la. De acordo com o princípio do nível constante dos salários, deveria seguir-se uma reação, tanto neste caso quanto no primeiro. Os operários, portanto, reagindo contra a tentativa ou contra o ato de baixar os salários agiriam corretamente. Agiriam, portanto, corretamente ao forçarem uma *alta de salários*, porque toda a *reação* contra a redução dos salários é uma ação em prol do aumento dos salários. De acordo com o próprio princípio do *nível constante* dos *salários* do cidadão Weston, os operários deveriam, portanto, em certas circunstâncias, unir-se e lutar por um aumento dos salários.

Para negar essa conclusão, ele teria de desistir da premissa em que ela se baseia. Não pode dizer que o total de salários é uma *grandeza constante*, mas que, embora não possa nem deva *aumentar*, pode e deve *baixar*, sempre que isso interessar ao capital. Se interessar ao capitalista alimentar-nos de batatas em vez de carne, e de aveia em vez de trigo, temos de aceitar a sua vontade como uma lei da Economia Política e nos submeter a ela. Se em um país, por exemplo, os Estados Unidos, as taxas de salários são maiores do que em outro país (por exemplo, na Inglaterra), temos de explicar essa diferença nas taxas de salários pela diferença entre a vontade do capitalista americano e a vontade do capitalista inglês, método este que certamente simplificaria muito não só o estudo dos fenômenos econômicos, mas também o estudo de todos os outros fenômenos.

Porém, mesmo nesse caso, poderíamos perguntar: *por que* a vontade do capitalista norte-americano é diferente da vontade do capitalista inglês? Para responder a essa pergunta, temos de ultrapassar o domínio da *vontade*. Um padre poderia afirmar que Deus tem uma vontade na França e outra na Inglaterra. Se eu insistir para que explique essas diferentes vontades, ele poderia cinicamente responder que Deus quer ter uma vontade na França e outra vontade na Inglaterra. Mas o nosso amigo Weston é certamente a última pessoa a usar como argumento uma negação tão completa de todo o raciocínio.

A *vontade* do capitalista é certamente ficar com a maior parte possível. O que temos de fazer não é falar sobre a sua *vontade*, mas investigar o seu *poder*, os *limites desse poder* e a *natureza desses limites*.

II - Produção, salários, lucros

A mensagem que o cidadão Weston nos leu podia ter sido condensada numa casca de noz.

Todo o seu raciocínio equivale a isto: se a classe operária forçar a classe capitalista a pagar 5 xelins em vez de 4 xelins, sob a forma de salários em dinheiro, o capitalista retribuirá, sob a forma de mercadorias, o valor de 4 xelins em vez do valor de 5 xelins. A classe operária terá de pagar 5 xelins por aquilo que, antes do aumento dos salários, comprava com 4 xelins. Mas por que isso acontece assim? Por que o capitalista devolve apenas um valor de 4 xelins por 5 xelins? Porque o montante de salário é fixo. Mas por que é que ele é fixo num valor de 4 xelins de mercadorias? Por que não de 3 ou de 2, ou qualquer outro valor? Se o limite do montante de salários é estabelecido por uma lei econômica, independente tanto da vontade do capitalista quanto da vontade do operário, a primeira coisa que o cidadão Weston teria de fazer era enunciar essa lei e prová-la. Deveria, então, além disso, ter provado que o montante de salários efetivamente pago em cada momento dado corresponde sempre exatamente ao montante de salários necessário sem nunca se desviar dele.

Se, por outro lado, o limite dado do montante de salários está fundado na *mera vontade* do capitalista ou nos limites da sua avareza, é um limite arbitrário. Não há nele nada de necessário. Pode ser mudado *pela* vontade do capitalista e pode, portanto, ser mudado *contra* a vontade dele.

O cidadão Weston ilustrou a sua teoria dizendo o seguinte: considerando uma vasilha com uma certa quantidade de sopa, destinada a um certo número de pessoas, um aumento no tamanho das colheres não produziria um aumento na quantidade de sopa. Permito-me achar essa ilustração bastante débil.* Faz-me lembrar, de algum modo, da comparação usada por Menenius Agripa. Quando os plebeus romanos entraram em luta contra os patrícios romanos, o patrício Agripa disse-lhes que o estômago patrício alimentava os membros plebeus do corpo político. Entretanto, Agripa não conseguiu demonstrar como se alimenta os membros de um homem enchendo a barriga de outro. O cidadão Weston, por seu lado, esqueceu-se de que a vasilha da qual os operários comem é cheia com todo o produto do trabalho nacional; e o que os impede de tirar uma maior porção dela não é o pequeno tamanho da vasilha nem a escassez do seu conteúdo, mas apenas o pequeno tamanho das suas colheres.

Qual artifício possibilita o capitalista a devolver um valor de 4 xelins por 5 xelins? Aumentando o preço da mercadoria que vende. Então, o aumento dos preços, ou, em geral, as variações dos preços das mercadorias, dependem da mera vontade do capitalista? Ou, ao contrário, serão necessárias certas circunstâncias para que essa vontade prevaleça? Se não, as altas e

---

* Marx usa aqui de um trocadilho entre *spoon*, que significa: "colher", e *spoony*, que figurativamente quer dizer: "fraco de espírito", "débil" ou mesmo: "estúpido" – segundo a imagem de fraqueza fornecida por uma criança alimentada por meio de colher (e não garfo).

baixas, as incessantes variações de preços do mercado tornam-se um enigma insolúvel.

Se admitirmos que não houve qualquer mudança nas forças produtivas de trabalho, nem no volume de trabalho e capital empregados, nem no valor do dinheiro em que os valores dos produtos são estimados, mas *apenas uma mudança na taxa de salários*, como pôde o *aumento dos salários* afetar os *preços das mercadorias*? Só por afetar a proporção efetiva entre a procura e a oferta dessas mercadorias.

É absolutamente verdadeiro que, considerada em conjunto, a classe operária gasta e tem de gastar o seu salário em *meios de subsistência* [*necessaries*]. Uma alta geral na taxa de salários produziria, portanto, uma alta na procura e, consequentemente, nos *preços de mercado desses meios de subsistência*. Os capitalistas que produzem esses meios de subsistência seriam compensados pelos aumentos dos preços de mercado das suas mercadorias. Mas que acontece aos outros capitalistas que *não* produzem esses meios de subsistência? E não se pode imaginar que eles sejam um pequeno grupo. Se levarmos em conta que dois terços do produto nacional é consumido por um quinto da população – um membro da Câmara dos Comuns afirmou recentemente que esses consumidores são apenas $1/_7$ da população –, compreenderemos o quanto é imensa a proporção do produto nacional produzida sob a forma de artigos de luxo [*luxuries*], ou de ser *trocada* por artigos de luxo, e que imensa é a quantidade dos próprios meios de subsistência desperdiçados com lacaios, cavalos, gatos etc., desperdício que, sabemos por experiência, diminui sempre, e consideravelmente, com o aumento dos preços dos meios de subsistência.

Bem, qual seria a situação dos capitalistas que não produzem meios de subsistência? Não poderiam ser compensados da *queda na taxa de lucro*, consequente ao aumento geral de salários, por uma *aumento no preço das suas mercadorias*, porque a procura dessas mercadorias não teria aumentado. O seu rendimento diminuiria e, com o rendimento diminuído, ainda teriam de pagar mais pela mesma quantidade de meios de subsistência, com um preço mais elevado. Mas isso não seria tudo. Com seu rendimento diminuído, teriam menos para gastar em artigos de luxo e, portanto, a procura mútua das suas respectivas mercadorias diminuiria. Como consequência da procura diminuída, os preços das suas mercadorias cairiam. Nesses ramos da indústria, portanto, *a taxa de lucro cairia*, não só em proporção simples à alta geral na taxa de salários, também em relação à ação combinada do aumento geral de salários, do aumento nos preços dos meios de subsistência e da queda nos preços dos artigos de luxo.

Qual seria a consequência *dessa diferença nas taxas de lucro* para os capitais empregados nos diferentes ramos da indústria? A mesma consequência que geralmente prevalece sempre que, por qualquer razão, a *taxa média de lucro* apresente diferenças nas diferentes esferas da produção. Capital e trabalho seriam transferidos dos ramos menos rentáveis para os mais rentáveis; e esse processo de transferência continuaria até que a oferta num ramo da indústria subisse proporcionalmente à sua maior procura, e caísse nos outros ramos de acordo com a redução da procura. Efetuada essa mudança, a taxa geral de lucro voltaria a estar *equalizada* nos diferentes ramos da indústria. Como todo esse desarranjo originou-se de uma simples mudança na relação entre a oferta e a procura de diferentes mercadorias, desaparecendo a causa, o efeito cessaria e os *preços* voltariam ao seu nível e equilíbrio anteriores. Em vez de ficar limitada a alguns ramos da indústria, *a queda na taxa de lucro*, em consequência do aumento dos salários, teria se generalizado. De acordo com a nossa suposição, não teria se realizado qualquer mudança nas forças produtivas de trabalho, nem no montante total da produção, mas *esse dado de produção teria mudado a sua forma*. Uma parte maior do produto existiria sob a forma de meios de subsistência, uma parte menor sob a forma de artigos de luxo, ou, o que vem a dar no mesmo, uma parte menor seria trocada por artigos de luxo estrangeiros e consumida na sua forma original; ou, o que de novo vem a dar no mesmo, uma parte maior do produto nacional seria trocada por meios de subsistência estrangeiros em vez de por artigos de luxo. Portanto, o aumento geral na taxa de salários, após uma perturbação temporária dos preços de mercado, resultaria apenas numa queda geral da taxa de lucro, sem qualquer mudança permanente nos preços das mercadorias.

Se me disserem que, no argumento anterior, eu presumo que todo o salário suplementar [*surplus wages*] é gasto em meios de subsistência, eu respondo que fiz a suposição mais vantajosa para a opinião do cidadão Weston. Se os salários suplementares fossem gastos em artigos que anteriormente não entravam no consumo dos operários, o aumento real do seu poder de compra não precisaria de prova. Sendo, contudo, apenas derivado de uma elevação de salários, aquele aumento do seu poder de compra tem de corresponder exatamente à diminuição do poder de compra dos capitalistas. A *procura total* de mercadorias não *aumentaria*, portanto, mas as partes constitutivas dessa procura *mudariam*. A procura crescente de um lado seria contrabalançada pela procura decrescente do outro lado. Desse modo, permanecendo inalterada a procura total, não poderia acontecer qualquer mudança nos preços de mercado das mercadorias.

Chegamos, portanto, a este dilema: ou os salários suplementares são gastos igualmente na aquisição de todos os artigos de consumo – e, então, a expansão da procura por parte da classe operária tem de ser compensada pela contração da procura por parte da classe capitalista – ou os salários suplementares são gastos apenas na compra de alguns artigos cujos preços de mercado temporariamente subirão. Então, a consequente alta na taxa de lucro em alguns ramos da indústria e a consequente queda na taxa de lucro em outros produzirá uma mudança na distribuição de capital e de trabalho, até que a oferta cresça em razão de maior procura em alguns ramos da indústria e caia em razão da menor procura em outros ramos da indústria. Na primeira suposição, não ocorrerá qualquer mudança nos preços das mercadorias. Na outra suposição, após algumas variações dos preços de mercado, os valores de troca [*exchangeable values*] das mercadorias cairão ao nível anterior. Segundo as duas suposições, a alta geral na taxa de salários não resultará, senão, numa queda geral da taxa de lucro.

Para estimular a nossa imaginação, o cidadão Weston convidou-nos a pensar nas dificuldades que causaria um aumento geral dos salários agrícolas ingleses de 9 para 18 xelins. Pensem, exclamava ele, na imensa alta na procura de meios de subsistência e no consequente aumento terrível nos seus preços! Ora, todos sabem que o salário médio do trabalhador agrícola americano é maior do que o dobro do salário do trabalhador agrícola norte-americano, apesar de os preços dos produtos agrícolas serem menores nos Estados Unidos do que no Reino Unido, embora o conjunto das relações entre o capital e o trabalho prevalecerem de igual modo nos Estados Unidos e na Inglaterra e apesar de o total anual da produção ser muito menor nos Estados Unidos do que na Inglaterra. Por que é, então, que o nosso amigo faz esse alarde todo? Simplesmente para nos desviar a atenção da verdadeira questão que está diante de nós. A alta súbita de salários de 9 para 18 xelins seria uma alta súbita de 100%. Ora, de modo algum estamos discutindo se a taxa geral de salários na Inglaterra poderia ser subitamente aumentada em tal percentual. Não nos interessa a *grandeza* do aumento que, em cada caso prático, tem de depender e estar adaptado a circunstâncias dadas. Temos de investigar apenas os efeitos de um aumento geral na taxa de salários, mesmo limitado a 1%.

Pondo de lado a fantasiosa alta de 100% do amigo Weston, chamo a atenção dos senhores para o aumento real de salários verificado na Grã-Bretanha de 1849 a 1859.

Todos conhecem a Lei das Dez Horas, ou antes, a Lei das Dez Horas e Meia,[3] em vigor desde 1848. Foi uma das maiores mudanças econômicas que testemunhamos. Foi uma alta súbita e compulsiva de salários, não apenas a alguns negócios locais, mas aos principais ramos da indústria, pelos quais a Inglaterra domina os mercados do mundo. Foi um aumento de salários em circunstâncias excepcionalmente desfavoráveis. O doutor Ure, o professor Senior e todos os outros porta-vozes econômicos oficiais da burguesia *provaram* – e tenho de dizer com razões muito mais sólidas do que as do nosso amigo Weston – que isso seria o atestado de óbito para a indústria inglesa. Demonstraram que não se tratava de um simples aumento de salários, mas de um aumento de salários provocado pela diminuição da quantidade de trabalho empregado e baseado nessa diminuição. Afirmaram que a décima segunda hora, aquela que se queria tirar do capitalista, era exatamente a única hora de onde ele obtinha o seu lucro. Ameaçaram com uma diminuição da acumulação do capital, alta de preços,

---

[3] A luta da classe operária por uma redução legislativa da jornada de trabalho para 10 horas foi travada na Inglaterra desde os finais do século XVIII e, a partir do começo dos anos de 1830, ganhou amplas massas do proletariado.

A lei sobre a jornada de trabalho de 10 horas, extensiva apenas a mulheres e adolescentes, foi aprovada no Parlamento em 8 de junho de 1847. Todavia, na prática, numerosos industriais não respeitavam essa lei.

perda de mercados, contração da produção, a consequente diminuição dos salários, a ruína final. De fato, sustentavam que as leis do máximo[4] de Maximiliano Robespierre, eram insignificantes comparadas com estas; e, em certo sentido tinham razão. Bem, qual foi o resultado? Um aumento dos salários em dinheiro dos operários das indústrias, apesar da diminuição da jornada de trabalho, um grande aumento no número de operários ocupados nas indústrias, uma queda constante nos preços dos seus produtos, um maravilhoso desenvolvimento nas forças produtivas do seu trabalho, uma extraordinária expansão progressiva dos mercados para as suas mercadorias. Em Manchester, em assembleia, em 1861, da Sociedade para o Progresso da Ciência, ouvi o sr. Newman confessar que ele, o doutor Ure, o professor Sênior e todos os outros representantes oficiais da ciência econômica haviam se enganado, enquanto o instinto do povo se revelava com razão. Refiro-me ao sr. W. Newman,[5] e não ao professor Francis Newman, porque ele ocupa uma posição eminente na ciência econômica, como colaborador e editor da *History of prices*,[*] do sr. Thomas Tooke, essa obra magnífica que traça a história dos preços de 1793 a 1856. Se a ideia fixa do nosso amigo Weston de um volume fixo de salários, um montante fixo da produção, um grau fixo da força produtiva de trabalho, uma vontade fixa e permanente dos capitalistas, e todas as suas outras formas fixas e de finalidade estivessem corretas, os pressentimentos calamitosos do professor Senior estavam certos

---

[4] Durante a revolução burguesa francesa, a Convenção jacobina instituiu, em 1793-1794, preços fixos para o trigo, a farinha e diversos artigos de primeira necessidade, ao mesmo tempo que salários fixos.

[5] A Associação Britânica para o Progresso da Ciência foi fundada em 1831 e ainda existe. Marx refere-se aqui a um discurso proferido por W. Newmarch (tendo Marx se enganado ao escrever este nome) na reunião da seção econômica da Associação, em setembro de 1861.

[*] Cf. T. *História dos preços de 1792 até o tempo presente*, Londres, 1838-1857, 6 volumes.

e estaria equivocado o sr. Robert Owen, que, em 1815, já proclamava uma limitação geral do dia de trabalho como o primeiro passo preparatório para a emancipação da classe operária[6] e que, efetivamente, apesar do preconceito geral, a introduziu por sua própria iniciativa, na sua indústria têxtil em New Lanark.

Na mesma época que entrava em vigor a Lei das Dez Horas e o consequente aumento dos salários, teve lugar na Grã-Bretanha, por razões não necessárias aqui, *um aumento geral dos salários dos trabalhadores agrícolas*.

Apesar de não ser indispensável para meu propósito imediato, farei algumas observações preliminares, a fim de não induzi-los em erro.

Se um homem que recebe 2 xelins por semana de salário tivesse seu salário aumentado para 4 xelins, a *taxa de salário* teria subido 100%. Isso pareceria uma coisa magnífica considerado como um aumento na *taxa de salário*, apesar de o *montante efetivo de salário*, 4 xelins por semana, continuar sendo um mísero salário de fome. Não devemos, portanto, nos fascinar por percentagens impressionantes na *taxa* de salários. Temos sempre de perguntar: qual era o montante *original*?

Além disso, é preciso compreender que, se houvesse 10 operários recebendo cada um 2 xelins por semana, 5 outros recebendo cada um 5 xelins e outros 5 recebendo 11 xelins por semana, os 20 homens juntos receberiam 100 xelins ou 5 libras por semana. Se, então, houvesse um aumento de, digamos 20%, sobre o *total* dos seus salários semanais, haveria uma elevação de 5 para 6 libras. Considerando a média, poderíamos dizer que *a taxa geral de salários* tinha aumentado 20%, apesar de, de fato, os salários dos 10 operá-

---

[6] Ver Robert Owen, *Observações sobre os efeitos do sistema manufatureiro*, Londres, 1817, p. 76.

rios terem permanecido [praticamente] estacionários; os salários do primeiro grupo de 5 operários terem subido apenas de 5 para 6 xelins e a soma dos salários do outro grupo de 5 operários de 55 para 66 xelins. Metade dos operários não teria de modo algum melhorado a sua situação, um quarto teria melhorado num grau imperceptível; e apenas um quarto teria se beneficiado realmente. Contudo, pela *média*, o montante total de salários desses 20 operários teria aumentado 20% e, no que diz respeito ao capital total que os emprega e aos preços das mercadorias que produzem, seria exatamente como se todos eles tivessem usufruído igualmente do aumento médio de salários. No caso dos trabalhadores agrícolas, sendo os salários-tipo muito diferentes nos diversos condados da Inglaterra e da Escócia, o aumento dos salários foi muito desigual.

Finalmente, durante o período em que ocorreu esse aumento de salários, verificou-se influências contrárias, como os novos impostos em consequência da guerra russa,[7] a demolição extensiva de casas de habitação dos trabalhadores agrícolas[8] etc.

Após essas considerações, constato que, de 1849 a 1859 houve um *aumento de cerca de 40%* na taxa média dos salários dos trabalhadores agrícolas da Grã-Bretanha. Eu poderia sustentar minha afirmação com numerosos detalhes, mas, para o meu presente propósito, penso que é suficiente indicar a comunicação conscienciosa e crítica apresentada, em 1859, pelo falecido sr. John

---

[7] Trata-se da Guerra da Crimeia de 1853-1856, travada pela Rússia contra uma coligação constituída pela Inglaterra, França, Turquia e a Sardenha por uma influência predominante no Oriente Próximo. Foi assim designada devido ao local do principal teatro de operações. A Guerra da Crimeia terminou com a derrota da Rússia.

[8] Nos meados do século XIX, uma demolição maciça de casas em localidades rurais pode até certo ponto ser explicada pelo fato de que o montante de impostos pagos pelos proprietários fundiários em benefício dos pobres dependia largamente do número de pobres residentes nas suas terras. Os proprietários rurais demoliam deliberadamente aquelas casas de que eles próprios não precisavam, mas que podiam servir de abrigo à população agrícola "excedente".

C. Morton à Real Sociedade das Artes,[9] de Londres, sobre *The forces used in agriculture* [*As forças empregadas na agricultura*]. O sr. Morton fornece quadros estatísticos, a partir de contas e outros documentos autênticos, que recolheu de cerca de uma centena de agricultores, residindo em 12 condados escoceses e em 35 ingleses.

Segundo a opinião do nosso amigo Weston, e considerando conjuntamente o simultâneo aumento dos salários dos operários das indústrias, deveria ter ocorrido um grande aumento nos preços dos produtos agrícolas durante o período de 1849 a 1859. Mas, o que aconteceu? Apesar da guerra russa e das colheitas desfavoráveis de 1854 a 1856, o preço médio do trigo, que é o principal produto agrícola da Inglaterra, caiu de cerca de 3 libras por *quarter*,* nos anos de 1838 a 1848, para cerca de 2 libras e 10 xelins por *quarter*, nos anos de 1849 a 1859. Isso representa uma queda no preço do trigo de mais de 16%, paralelamente a um aumento médio dos salários dos trabalhadores agrícolas de 40%. Durante o mesmo período, se compararmos o seu final com o seu início, ou seja, o ano de 1859 com o de 1849, houve uma queda no número de indigentes de 934.419 para 860.470, sendo que a diferença de 73.949, representa uma queda muito pequena, concordo, mas que, mesmo assim, representa uma diminuição.

Podemos dizer que, em consequência da abolição das Leis dos Cereais,[10] a importação de cereal estrangeiro mais do que

---

[9] Associação burguesa com objetivos educacionais e filantrópicos, fundada em Londres em 1754. A comunicação referida foi apresentada por John Chalmers Morton, filho de John Morton, falecido em 1864.

* *Quarter*: medida inglesa equivalente a aproximadamente 13 quilos.

[10] As chamadas Leis dos Cereais, visando restringir ou proibir a importação de cereais do estrangeiro, foram introduzidas na Inglaterra para salvaguardar os interesses dos grandes proprietários fundiários. Em 1838, Cobden e Bright, industriais de Manchester, fundaram a Liga contra a Lei dos Cereais. Apresentando a exigência da plena liberdade de comércio, a Liga lutava pela revogação da Lei dos Cereais, com o

duplicou durante o período de 1849 a 1859, comparada com o período de 1838 a 1848. O que significa isso? Do ponto de vista do cidadão Weston, seria de se esperar que a súbita procura, imensa e sempre crescente nos mercados estrangeiros elevaria os preços do produto agrícola a uma tremenda altura, pois uma maior demanda causa os mesmos efeitos, quer venha de fora, quer de dentro. O que sucedeu de fato? Se excetuarmos alguns anos de colheitas fracas, durante todo esse período, a queda desastrosa no preço do cereal é um tema de constante reclamação na França; os norte-americanos, por mais de uma vez, foram compelidos a queimar o excedente de sua produção; a Rússia, se formos acreditar no sr. Urquhart, instigou a guerra civil nos Estados Unidos,[11] porque as suas exportações agrícolas eram prejudicadas pela competição *yankee* nos mercados da Europa.

Reduzido à sua forma abstrata, o argumento do cidadão Weston daria o seguinte: todo aumento na procura ocorre sempre na base de um dado montante de produção. Esta *nunca* pode, contudo, *aumentar a oferta dos artigos procurados, somente pode aumentar os seus preços em dinheiro*. Ora, a observação mais comum mostra que uma maior procura, em alguns casos, não altera os preços de mercado das mercadorias; em outros casos, provoca uma alta temporária dos preços de mercado seguida de um aumento na oferta, que segue a uma redução dos preços

---

objetivo de reduzir os salários dos operários e de enfraquecer as posições políticas e econômicas da aristocracia fundiária. Como resultado dessa luta, as Leis dos Cereais foram revogadas em 1846, o que significou uma vitória para a burguesia industrial sobre a aristocracia fundiária.

[11] A guerra civil na América (1861-1865) opôs, nos Estados Unidos, os Estados industriais do Norte e os Estados escravistas do Sul, que se rebelaram contra a abolição da escravatura. A classe operária da Inglaterra opôs-se à política da burguesia inglesa, que apoiava os plantadores escravistas, e impediu a ingerência da Inglaterra na guerra civil nos Estados Unidos.

para o seu nível anterior e, em muitos casos, até *abaixo* desse nível. Se o aumento da procura resulta do aumento de salários, ou de qualquer outra causa, de modo algum altera as condições do problema. Do ponto de vista do cidadão Weston, o fenômeno geral é tão difícil de ser explicado quanto o fenômeno que ocorre nas circunstâncias excepcionais de um aumento de salários. O seu argumento não tem, portanto, qualquer relação com o assunto de que tratamos. Apenas expressa a sua perplexidade diante das leis segundo as quais um aumento na procura produz um aumento de oferta, em vez de um aumento definitivo dos preços de mercado.

III - Salários e circulação monetária

No segundo dia do debate, o nosso amigo Weston revestiu suas velhas afirmações com novas formas. Afirmou que, em consequência de uma alta geral nos salários em dinheiro, será necessário uma massa maior de circulação monetária para pagar os mesmos salários. Sendo a massa de circulação monetária *fixa*, como é possível pagar, com essa massa de circulação monetária fixa um conjunto maior de salários em dinheiro? Primeiro, a dificuldade surgia da quantidade fixa de mercadorias que correspondem ao trabalhador, apesar do aumento do seu salário em dinheiro; agora, decorre do aumento dos salários em dinheiro, apesar da quantidade fixa de mercadorias. É claro que se o seu dogma original for rejeitado, as dificuldades dele resultantes também desaparecerão.

No entanto, vou demonstrar que essa questão da circulação monetária não tem absolutamente nada a ver com o assunto de que trataremos.

No vosso país, o mecanismo dos meios de pagamentos está muito mais aperfeiçoado do que em qualquer outro país da Europa. Graças à extensão e concentração do sistema bancário, é necessária uma massa muito menor de circulação monetária para fazer circular o mesmo montante de valores e para realizar o mesmo ou um montante superior de negócios. Por exemplo, no que diz respeito aos salários, o operário inglês paga, com seu salário, semanalmente ao lojista, que o envia semanalmente ao banqueiro, que o devolve semanalmente ao industrial, que de novo o paga aos seus operários etc. Por esse processo, o salário anual de um operário, digamos de 52 libras, pode ser pago com um único sovereign,[*] girando todas as semanas no mesmo ciclo. Mesmo na Inglaterra, esse mecanismo não é tão perfeito como na Escócia e não apresenta as mesmas características em todos os lugares. Podemos verificar que, por exemplo, em alguns distritos agrícolas, em comparação com distritos industriais, é necessária uma massa de circulação monetária muito maior para fazer circular um montante de valores muito menor.

Se atravessarmos o Canal, verificaremos que os *salários em dinheiro* são muito mais baixos do que na Inglaterra, mas, na Alemanha, Itália, Suíça e França, a sua circulação é realizada por um *montante de circulação monetária muito maior*. O mesmo sovereign não retorna tão rapidamente ao banqueiro, nem é devolvido com tanta presteza ao capitalista industrial. Portanto, em vez de um sovereign necessário para fazer circular 52 libras por ano, são necessários talvez 3 sovereigns para fazer circular anualmente salários de 25 libras. Desse modo, comparando países continentais com a Inglaterra, veremos imediatamente que salários baixos em dinheiro podem requerer uma massa de circulação monetária muito maior para a sua circulação do que

---

[*] *Soberano:* moeda de ouro inglesa equivalente a uma libra.

salários altos em dinheiro. Isso é uma questão técnica, absolutamente estranha ao nosso assunto.

De acordo com os melhores cálculos que conheço, o rendimento anual da classe operária deste país pode ser estimado em 250 milhões de libras. Esta imensa soma se faz circular com cerca de 3 milhões de libras. Suponhamos que haja um aumento de 50% nos salários. Então, em vez de uma massa de circulação monetária de 3 milhões de libras seriam necessárias 4,5 milhões de libras. Como uma parte considerável das despesas diárias do operário é paga com moedas de prata e cobre – isto é, simples símbolos monetários, cujo valor relativo ao ouro é arbitrariamente fixado por lei, como o do papel-moeda inconvertível – um aumento de salários em dinheiro de 50% necessitaria, no caso extremo, uma circulação adicional de sovereigns, digamos, no montante de um milhão. Passaria a circular um milhão, antes inativos, sob a forma de barra de ouro ou moeda, nos cofres do Banco da Inglaterra ou de bancos privados. Mas mesmo a despesa insignificante da cunhagem adicional ou do uso e desgaste adicionais desse milhão poderia ser poupada, e seria efetivamente poupada, se a necessidade de uma massa adicional de circulação monetária provocasse algum inconveniente. Todos sabem que a moeda em circulação monetária neste país está dividida em dois grandes grupos. Uma espécie, que é composta de notas de diversos valores, usada nas transações entre comerciantes e também entre consumidores e comerciantes para pagamentos de maior valor, enquanto a outra espécie de circulação monetária – moedas metálicas – circulam no comércio varejista. Apesar de distintas, essas duas espécies de meios de circulação monetária combinam-se entre si. Desse modo, a moeda de ouro, com muita frequência, circula mesmo para pagamentos maiores de todas as pequenas somas abaixo de 5 libras. Se amanhã fossem emitidas notas de 4 libras, ou notas de 3 libras, ou notas de 2 libras, o ouro necessário para esses canais de circulação seria imediatamente encaminhado para preencher as necessidades dos canais atingidos pelo aumento de salários em dinheiro. Dessa forma, o milhão adicional exigido pelo aumento de salários de 50% poderia ser fornecido sem acrescentar um único sovereign. O mesmo efeito poderia ser produzido, sem a emissão adicional de uma única nota de banco, por uma circulação adicional de letras de câmbio, como foi feito no Lancashire durante muito tempo.

Se um aumento geral na taxa de salários de, por exemplo, 100% – como o cidadão Weston propõe para os salários dos trabalhadores agrícolas – produzisse uma grande alta nos preços dos meios de subsistência e, de acordo com as suas ideias, requeresse uma quantidade adicional de circulação monetária que não poderia ser conseguida, *uma queda geral nos salários* produziria o mesmo efeito, na mesma escala, mas numa direção oposta. Bem! Todos sabem que os anos de 1858 a 1860 foram os anos mais prósperos para a indústria do algodão, sobretudo o ano de 1860, que permanece inigualado nos anais do comércio, e que, ao mesmo tempo, todos os outros ramos da indústria desfrutavam de igual prosperidade. Os salários dos operários do algodão e de todos os outros trabalhadores ligados a esse setor, atingiram, em 1860, os seus mais altos índices. Com o advento da crise norte-americana, todos esses salários foram subitamente reduzidos para cerca de $1/4$ do seu valor anterior. Isto teria significado, na direção oposta, um aumento de 300%. Se os salários sobem de 5 para 20 xelins, dizemos que sobem 300%; se baixam de 20 para 5 xelins, dizemos que baixam 75%, mas o total do aumento, num caso, e o da queda, no outro, seria o mesmo, a saber: 15 xelins. Essa foi, então, uma mudança repentina, sem precedentes, na taxa de salários que afetou, ao mesmo tempo, um número de operários que – se contarmos todos os operários, não apenas os diretamente empregados na indústria do algodão, mas também os indiretamente dependentes dela – era maior, em mais de metade, do que o número de trabalhadores agrícolas. O preço do trigo caiu? Ao contrário, subiu da média anual de 47 xelins e 8 pences por *quarter* durante os 3 anos de 1858 a 1860 para a média anual de 55 xelins e 10 pences por *quarter* durante os 3 anos de 1861 a 1863. Quanto à massa de circulação monetária, foram cunhadas, em 1861, 8.673.232 libras, contra 3.378.102 libras em 1860. Isto é, cunharam-se 5.295.130 libras a mais em 1861 do que em 1860. É verdade que a circulação de papel-moeda foi, em 1861, menor em 1,319 milhão de libras do que em 1860. Descontemos isso e ainda fica um excesso de circulação monetária para o ano de 1861, comparado com o ano de prosperidade – 1860 – no total de 3.976.130 libras, ou seja, quase 4 milhões de libras. Porém, a reserva de ouro no Banco da Inglaterra tinha simultaneamente decrescido, se não na mesma proporção, mas numa proporção aproximada.

Compare-se o ano de 1862 com o de 1842. Para além do extraordinário aumento do valor e do volume das mercadorias em circulação em 1862, só o capital pago em transações regulares de ações, empréstimos etc., para as ferrovias da Inglaterra e de Gales, totalizou 320 milhões de libras, uma soma que teria parecido fabulosa em 1842. E, no entanto, o total da circulação monetária em 1862 e 1842 foi praticamente o mesmo. E, no geral, verificaremos uma tendência para uma redução progressiva da massa de circulação monetária, não obstante ao enorme aumento do valor, não apenas de mercadorias, mas também de transações monetárias em geral. Do ponto de vista do nosso amigo Weston, esse é um enigma insolúvel.

Se ele aprofundasse um pouco mais essa matéria, teria verificado que, independentemente dos salários, e supondo que sejam fixos, o valor e o volume das mercadorias a serem colocadas em circulação e, no geral, o montante de transações monetárias a realizar variam diariamente; que o montante de notas de banco emitidas varia diariamente; que o montante de pagamentos realizados sem a intervenção de qualquer dinheiro, por meio de letras de câmbio, cheques, créditos escriturais *clearing houses*,* varia diariamente; que, na medida em que é necessária a efetiva circulação de moeda metálica, a proporção entre a moeda em circulação e a moeda e a barra em reserva ou depositada nos cofres dos bancos varia diariamente; que o total de barras de ouro absorvido pela circulação nacional e o enviado para o estrangeiro para circulação internacional varia diariamente. Ele teria verificado que o seu dogma do volume fixo da massa de circulação monetária é um erro monstruoso, incompatível com a realidade de todos os dias. Ele teria se informado das leis que permitem à massa de circulação monetária se adaptar a circunstâncias de variação tão constante, em vez de transformar a sua falsa concepção das leis da circulação monetária num argumento contra o aumento dos salários.

IV - Oferta e procura

O nosso amigo Weston se apropria do provérbio latino *repetitio est mater studiorum* [a repetição é a mãe dos estudos – latim] e, consequentemente, volta a repetir o seu dogma original sob a nova forma de que a contração da massa de circulação monetária, resultante de um aumento dos salários, produziria uma diminuição de capital etc. Depois de haver tratado da sua "teoria" quanto à massa de circulação monetária, considero completamente inútil entrar nas consequências imaginárias que ele julga decorrerem da sua imaginária desgraça da circulação

---

* Câmaras de compensação. A *Clearing House* é uma instituição bancária londrina, na qual cheques e letras são trocadas, sendo apenas pagos em dinheiro os saldos finais.

monetária. Passarei imediatamente a reduzir o seu *dogma* – que é *um só e o mesmo*, ainda que repetido sob tantas configurações diferentes – à sua forma teórica mais simples.

A maneira acrítica como ele tratou o seu tema se tornará evidente por uma única observação. Ele se insurge contra o aumento dos salários, ou contra salários altos como resultado de tal aumento. Agora, pergunto: o que são salários altos e o que são salários baixos? Por que, por exemplo, 5 xelins por semana constitui um salário baixo e 20 xelins por semana um salário alto? Se 5 é baixo comparado com 20, 20 é ainda mais baixo comparado com 200. Se alguém fizesse um pronunciamento sobre o termômetro e começasse por falar sobre os graus altos e baixos, não comunicaria conhecimento algum. Primeiro, deveria nos dizer como se determinam os pontos de congelamento e de ebulição e como esses dois pontos-padrão são estabelecidos por leis naturais e não pela fantasia dos comerciantes ou dos fabricantes de termômetros. Ora, com relação a salários e lucros, o cidadão Weston não apenas não conseguiu deduzir semelhantes pontos-padrão das leis econômicas, como também sequer sentiu a necessidade de procurá-los. Contentou-se com a aceitação dos termos populares de baixo e alto como algo que apresentasse um significado fixo, quando é evidente que os salários só podem ser considerados altos ou baixos quando comparados com um padrão pelo qual as suas grandezas são medidas.

Ele será incapaz de me dizer por que um certo montante de dinheiro é dado em troca de um certo montante de trabalho. Se ele me respondesse: "Isso foi estabelecido pela lei da oferta e da procura", eu perguntaria, em primeiro lugar, qual a lei que regula a oferta e a procura. E tal resposta o colocaria imediatamente fora de combate. As relações entre a oferta e a procura de trabalho sofrem constantes mudanças e com elas modificam-se os preços de mercado do trabalho. Se a procura for maior do que a oferta, os salários sobem; se a oferta for maior do que a procura, os salários descem, embora, em tais circunstâncias, possa ser necessário *testar* o estado real da procura e da oferta, por meio de, por exemplo, uma greve ou de qualquer outro método. Mas, se considerarmos a oferta e a procura como a lei que regula os salários, será tão infantil como inútil gritar contra um aumento de salários, porque, de acordo com a lei suprema para a qual se apela, uma alta periódica de salários é perfeitamente tão necessária e legítima quanto uma queda periódica de salários. Se *não* considerarmos a oferta e a procura como a lei que regula os salários, volto a repetir a pergunta: por que um certo montante de dinheiro é dado em troca de um certo montante de trabalho?

Mas, considerando o assunto de um modo mais amplo, estaremos completamente enganados ao acreditar que o valor do trabalho ou de qualquer outra mercadoria é, em última instância, determinado pela oferta e pela procura. A oferta e a procura regulam apenas as *variações* temporárias dos preços de mercado. Explicam-nos por que o preço de mercado de uma mercadoria sobe acima ou cai abaixo do seu *valor*, mas nunca podem explicar o próprio *valor*. Suponhamos que a oferta e a procura se equilibram ou, como dizem os economistas, se cobrem reciprocamente. No exato momento em que essas forças opostas se nivelam, anulam-se reciprocamente e deixam de agir em uma ou em outra direção. No momento em que a oferta e a procura se equilibram e, portanto, deixam de agir, o preço de *mercado* de uma mercadoria coincide com o seu *valor real*, com o preço padrão em torno do qual os seus preços de mercado oscilam. Ao investigar a natureza desse *valor* não temos, portanto, de nos preocupar com os efeitos temporários da oferta e da procura sobre os preços de mercado. O mesmo é verdade para os salários e para os preços de todas as outras mercadorias.

V - Salários e preços

Reduzidos à sua expressão teórica mais simples, todos os argumentos do nosso amigo se resolvem neste único dogma: "*Os preços das mercadorias são determinados ou regulados pelos salários.*"

Eu poderia contrapor a observação prática a essa antiquada e desacreditada falácia. Eu poderia dizer que os operários das fábricas, os mineiros, os da construção naval e outros operários ingleses, cujo trabalho está relativamente bem pago, vencem as demais nações pelo menor preço do seu produto, enquanto o trabalhador agrícola inglês, por exemplo, cujo trabalho é relativamente mal pago, é vencido por quase todas as nações por causa do maior preço do seu produto. Comparando artigo com artigo no mesmo país e as mercadorias de diferentes países, eu poderia mostrar que, apesar de algumas exceções mais aparentes do que reais, em média, o trabalho bem remunerado produz mercadorias de menor preço e que o trabalho mal remunerado produz mercadorias de maior preço. É claro que isso não provaria que o preço alto do trabalho, em alguns casos, e o seu baixo preço, em outros, seriam as respectivas causas desses efeitos diametralmente opostos, mas, em todo o caso, provaria que os preços das mercadorias não são determinados pelos preços do trabalho. Todavia, não precisamos recorrer a esse método empírico.

Talvez fosse possível negar que o cidadão Weston defenda o dogma: "*Os preços das mercadorias são determinados ou regulados pelos salários.*" Efetivamente, ele nunca o formulou. Ao contrário, ele afirmou que o lucro e a renda da terra também são partes constituintes dos preços das mercadorias, porque é dos preços das mercadorias que são pagos os salários dos operários, os lucros do capitalista e as rendas do proprietário fundiário. Mas, no seu modo de ver, como os preços são formados? Primeiro, pelos salários. Depois, é acrescentada uma percentagem adicional em proveito do capitalista e outra percentagem adicional em proveito do proprietário fundiário. Suponhamos que o salário do trabalho empregado na produção de uma mercadoria seja 10. Se a taxa de lucro for de 100%, o capitalista acrescenta [ao salário inicial] 10 e, se a taxa de renda também for de 100% sobre o salário, seriam acrescentados mais 10. Assim, o preço total da mercadoria seria de 30. Porém, uma determinação dos preços assim seria simplesmente a sua determinação pelos salários. Se os salários, no caso, subissem para 20, o preço da mercadoria subiria para 60 e assim sucessivamente. É por esse motivo que todos os antigos economistas que propuseram o dogma de que os salários regulam os preços tentaram prová-lo sustentando que o lucro e a renda seriam simples percentagens adicionais sobre os salários. Certamente, nenhum deles foi capaz de reduzir os limites dessas percentagens a qualquer lei econômica. Ao contrário, pareciam acreditar que os lucros eram estabelecidos pela tradição, pelo costume, pela vontade do capitalista ou por algum outro método igualmente arbitrário e inexplicável. Quando afirmam que os lucros são estabelecidos pela concorrência entre os capitalistas, não dizem nada. Sem dúvida, essa concorrência nivela as diferentes taxas de lucro em diferentes negócios, ou as reduz a um nível médio, mas nunca pode determinar o próprio nível ou a taxa geral de lucro.

Quando dizemos que os preços das mercadorias são determinados pelo salário o que entendemos por isso? Como salário é apenas um nome para denominar o preço do trabalho, queremos dizer com isso que os preços das mercadorias são regulados pelo preço do trabalho. Como "*preço*" é valor de troca [*exchangeable value*] e, ao falar de valor, falo sempre de valor de troca –, ou seja, valor de troca *expresso em dinheiro*, a proposição equivale a dizer que: "*o valor das mercadorias* é determinado pelo valor do trabalho", ou "*o valor do trabalho é a medida geral do valor*".

Mas, então, como se determina o próprio *"valor do trabalho"*? Chegamos aqui a um "ponto morto", se tentarmos, é claro, raciocinar logicamente. Todavia, os defensores dessa opinião não têm muitos escrúpulos lógicos. Vejam o nosso amigo Weston, por exemplo. Primeiro, afirmou que os salários regulam o preço das mercadorias e que, consequentemente, quando os salários sobem os preços têm de subir. Depois, deu uma volta para mostrar que um aumento de salários não serviria de nada, porque os preços das mercadorias subiriam e porque os salários seriam, de fato, medidos pelos preços das mercadorias com as quais são gastos. Desse modo, começamos pela afirmação de que o valor do trabalho determina o valor das mercadorias e acabamos pela afirmação de que o valor das mercadorias determina o valor do trabalho. Assim, movimentamo-nos num círculo mais do que vicioso e não chegamos a conclusão alguma.

Em geral, é evidente que, ao fazermos do valor de uma mercadoria (digamos, o trabalho, o cereal ou qualquer outra mercadoria) a medida geral e o regulador do valor, apenas deslocamos a dificuldade, uma vez que determinamos um valor por um outro que, por seu lado, também precisa de ser determinado.

O dogma de que "os salários determinam os preços das mercadorias", expresso em sua forma mais abstrata, é o mesmo que dizer que: "o valor é determinado pelo valor". Essa redundância significa, de fato, que não sabemos absolutamente nada do valor. Ao aceitarmos essa premissa, qualquer raciocínio sobre as leis gerais da Economia Política transforma-se em simples tagarelice. Por isso, devemos reconhecer em David Ricardo, na sua obra *Sobre os princípios da Economia Política e da tributação,* publicada em 1817, o grande mérito de haver destruído a velha, popularizada e gasta falácia de que "os salários determinam os preços", que Adam Smith e os seus predecessores franceses repudiaram nas partes realmente científicas das suas investigações, mas que reproduziram nos seus capítulos mais superficiais e vulgarizados.

VI - Valor e trabalho

Cidadãos! Cheguei ao ponto em que devo necessariamente entrar no verdadeiro desenvolvimento do tema. Não posso assegurar que o faça de maneira muito satisfatória, pois isso me obrigaria a percorrer todo o campo da Economia Política.

Apenas posso, como diria o francês, *effleurer la question* [tocar de leve na questão – francês], tocar os pontos principais.

A primeira pergunta que temos de fazer é esta: o que é o *valor* de uma mercadoria? Como se determina esse valor?

À primeira vista, parecerá que o valor de uma mercadoria é algo completamente *relativo*, que não se pode determinar sem considerar uma mercadoria em relação a todas as outras mercadorias. Com efeito, quando falamos do valor, do valor de troca [*value in exchange*] de uma mercadoria, temos em vista as quantidades proporcionais em que se troca por todas as demais mercadorias. Isso, porém, nos leva a perguntar: como se regulam as proporções em que umas mercadorias são trocadas por outras?

Sabemos por experiência que essas proporções variam ao infinito. Tomemos uma única mercadoria, por exemplo, o trigo, e veremos que um *quarter* de trigo é trocado, numa série quase infinita de proporções, por diferentes mercadorias. E, sem dúvida, *como o seu valor é sempre o mesmo*, quer se expresse em seda, em ouro, ou em qualquer outra mercadoria, esse valor tem de ser algo distinto e independente dessas *diferentes proporções em que se troca* por outros artigos. Necessariamente há de ser possível exprimir, de uma forma muito diferente, essas diversas equações com várias mercadorias.

De resto, quando digo que um *quarter* de trigo se troca por ferro numa determinada proporção ou que o valor de um *quarter* de trigo se expressa numa determinada quantidade de ferro, digo que o valor do trigo ou seu equivalente em ferro são iguais *a uma terceira coisa*, que não é trigo nem ferro, pois suponho que ambos exprimem a mesma grandeza sob duas formas diferentes. Portanto, cada um desses dois objetos, tanto o trigo quanto o ferro, deve poder se reduzir, independentemente um do outro, àquela terceira coisa, que é a medida comum de ambos.

Para esclarecer este ponto, recorrerei a um exemplo geométrico muito simples. Quando comparamos a área de vários triângulos das mais diversas formas e grandezas, ou quando comparamos triângulos com retângulos, ou com qualquer outra figura retilínea, qual é o processo que empregamos? Reduzimos a área do triângulo qualquer a uma expressão completamente distinta de sua forma visível. E como, pela natureza do triângulo, sabemos que a área dessa figura geométrica é sempre igual à metade do produto de sua base pela sua altura, isso nos permite comparar entre si os diversos valores de todos os tipos de triângulos e de todas as figuras retilíneas, já que todas elas podem ser reduzidas a um certo número de triângulos.

Temos de seguir o mesmo processo para os valores das mercadorias. Temos de reduzi-los a uma expressão comum, distinguindo-os unicamente pela proporção em que contém essa mesma e idêntica medida.

Como os valores de troca [*exchangeable values*] das mercadorias não passam de *funções sociais* das mesmas, nada tendo a ver com suas propriedades naturais, devemos, antes de mais nada, perguntar: qual é a *substância social* comum a todas as mercadorias? É o *Trabalho*. Para produzir uma mercadoria, deve-se investir nela ou a ela incorporar uma determinada quantidade de trabalho. E não simplesmente *trabalho*, mas *trabalho social*. Aquele que produz um objeto para seu uso pessoal e direto, para seu consumo, produz um *produto*, mas não uma *mercadoria*. Como produtor que se mantém a si mesmo, nada tem a ver com a sociedade. Mas para produzir uma *mercadoria*, um homem não tem apenas de produzir um artigo que satisfaça alguma necessidade social, o seu próprio trabalho tem de ser parte integrante da soma total de trabalho gasta pela sociedade. Tem de estar subordinado à *divisão de trabalho dentro da sociedade*. Ele nada é sem os demais setores do trabalho; por sua vez, ele é necessário para *integrá-los*.

Quando consideramos as *mercadorias como valores*, estamos considerando-as somente sob o aspecto de *trabalho social realizado, fixado*, ou, se assim quiserem, *cristalizado*. Consideradas desse modo, só podem ser *diferenciadas* umas das outras enquanto representarem quantidades maiores ou menores de trabalho; assim, por exemplo, um lenço de seda pode incorporar uma quantidade maior de trabalho do que um tijolo. Mas como são medidas as *quantidades de trabalho*? Pelo *tempo que dura o trabalho*, computado este em horas, em dias etc. Naturalmente, para aplicar essa medida, todos os tipos de trabalho são reduzidos a um trabalho médio, ou simples, considerado como a sua unidade.

Chegamos, assim, a esta conclusão: uma mercadoria tem um *valor* porque é uma *cristalização de trabalho social*. A grandeza de seu valor, ou seu valor *relativo*, depende da maior ou menor quantidade dessa substância social que ela encerra, quer dizer, da quantidade relativa de trabalho necessária à sua produção. Portanto, os *valores relativos das mercadorias* são determinados pelas *correspondentes quantidades ou somas de trabalho empregado, realizado, fixado nelas*. As quantidades *correspondentes* de mercadorias, que podem ser produzidas no *mesmo tempo de trabalho*, são *iguais*. Ou, de outro modo, o valor de uma mercadoria está para o valor de outra mercadoria, assim como a quantidade de trabalho incorporada em uma está para a quantidade de trabalho incorporada em outra.

Imagino que muitos perguntarão: existe então uma diferença tão grande, supondo que haja alguma diferença, entre a determinação dos valores das mercadorias pelos *salários* e sua determinação pelas *quantidades relativas de trabalho* necessário à sua produção? Não devem perder de vista que a *retribuição* do trabalho e a *quantidade* de trabalho são coisas perfeitamente diferentes. Suponhamos, por exemplo, que num *quarter* de trigo e numa onça de ouro estejam incorporadas *quantidades iguais de trabalho*. Utilizo este exemplo porque ele já foi empregado por Benjamin Franklin[12] no seu primeiro ensaio, publicado em 1729, sob o título de *Uma modesta investigação sobre a natureza e a necessidade do papel-moeda*, que é um dos primeiros livros em que se reconhece a verdadeira natureza do valor. Pois bem, suponhamos, como ficou dito, que um *quarter* de trigo e uma onça de ouro são *valores iguais* ou *equivalentes*, por serem *cristalizações de quantidades iguais de trabalho médio*, de tantos dias, ou tantas semanas de trabalho incorporado em cada um deles. Por acaso, ao se determinar assim os valores relativos do ouro e do trigo, fazemos qualquer referência aos *salários* dos operários agrícolas e dos mineiros? De modo algum. Deixamos completamente indeterminado como é que seu dia ou semana de trabalho foram pagos ou mesmo se foi empregado trabalho

---

[12] Benjamin Franklin (1706-1790), filósofo e estadista estadunidense, tornou-se conhecido desde a publicação do seu primeiro ensaio: *A Modest Inquiry Into the Nature and Necessity of a Paper Currency*.

assalariado. Mesmo supondo que se empregue trabalho assalariado, os salários podem ser muito desiguais. Pode acontecer que o operário cujo trabalho está incorporado no *quarter* de trigo só receba por ele 2 *bushels*,* enquanto o trabalhador da mina pode ter recebido pelo seu trabalho metade da onça de ouro. Ou, ainda, supondo que os seus salários sejam iguais, podem diferir nas mais diversas proporções dos valores das mercadorias por eles produzidas. Podem representar a metade, a terça, a quarta ou a quinta parte, ou outra fração qualquer daquele *quarter* de trigo, ou daquela onça de ouro. Naturalmente, os salários dos trabalhadores não podem *exceder* os valores das mercadorias por eles produzidas, não podem ser *superiores* a eles; mas podem, sim, ser inferiores em todos os graus possíveis. Seus *salários* estarão *limitados* pelos *valores* dos produtos, mas *os valores dos produtos* não serão limitados pelos salários. E sobretudo aqueles valores, os valores relativos do trigo e do ouro, por exemplo, serão estabelecidos sem qualquer relação com o valor do trabalho empregado, isto é, o *salário*. A determinação dos valores das mercadorias pelas *quantidades relativas de trabalho nelas fixado*, como se vê, radicalmente, do método reiterativo da determinação dos valores das mercadorias pelo valor do trabalho, ou seja, pelo *salário*. De qualquer modo, no decorrer de nossa investigação teremos oportunidade de melhor esclarecer este ponto.

Para calcular o valor de troca de uma mercadoria, temos de acrescentar, à quantidade de trabalho, *em último lugar*, empregado a quantidade de trabalho *previamente* aplicado nas matérias-primas com que se produz a mercadoria e o trabalho incorporado nos meios de trabalho – ferramentas, maquinaria

---

* Medida inglesa para cereais equivalente a aproximadamente 36 litros.

e edifícios que serviram para esse trabalho.[13] Por exemplo, o valor de uma determinada quantidade de fio de algodão é a cristalização da quantidade de trabalho incorporada ao algodão durante o processo da fiação e, além disso, da quantidade de trabalho anteriormente incorporado nesse algodão, da quantidade de trabalho encerrada no carvão, no óleo e em outras matérias auxiliares empregadas, bem como da quantidade de trabalho materializado na máquina a vapor, nos fusos, no edifício da fábrica etc. Os meios de trabalho propriamente ditos, tais como ferramentas, maquinaria e edifícios, são utilizados constantemente, durante um período de tempo mais ou menos longo, nos processos repetidos da produção. Se fossem consumidos de uma vez, como acontece com as matérias-primas, todo o seu valor seria transferido imediatamente à mercadoria que ajudaram a produzir. Mas como um fuso, por exemplo, só se desgasta aos poucos, calcula-se uma média tomando por base a sua duração média, o seu aproveitamento médio ou a sua deterioração ou desgaste durante um determinado tempo, digamos, um dia. Desse modo, calculamos qual a parte do valor dos fusos que passa ao fio fabricado durante um dia e que parte, portanto, dentro da soma global de trabalho realizado, por exemplo, numa libra de fio, corresponde à quantidade de trabalho anteriormente incorporada nos fusos. Para o objetivo a que visamos é desnecessário insistir mais neste ponto.

Poderia parecer que, se o valor de uma mercadoria é determinado pela *quantidade de trabalho posto na sua produção*, quanto mais preguiçoso ou inábil seja um operário, mais valiosa será a mercadoria por ele produzida, pois o tempo de trabalho necessário para produzi-la será proporcionalmente maior. Mas

---

[13] David Ricardo, *Princípios de Economia Política*, cap. 1 – IV.

aquele que assim pensa incorre num lamentável erro. Lembremos que eu usei a expressão "trabalho *social*" e esta denominação de "*social*" implica muitas coisas. Quando dizemos que o valor de uma mercadoria é determinado pela *quantidade de trabalho* aplicado ou cristalizado nela, queremos nos referir à *quantidade de trabalho* necessário para produzir essa mercadoria numa dada situação social e sob determinadas condições sociais médias de produção, com uma determinada intensidade social média e com uma destreza média do trabalho utilizado. Quando, na Inglaterra, o tear a vapor [*power loom*] começou a competir com o tear manual, para converter uma determinada quantidade de fio numa jarda* de algodão, ou de pano, bastava a metade da duração do trabalho que anteriormente se usaria. Agora, o pobre tecelão manual tinha de trabalhar 17 ou 18 horas diárias, em vez das 9 ou 10 horas de antes. Não obstante, o produto de suas 20 horas de trabalho só representava 10 horas de trabalho social, isto é, 10 horas de trabalho socialmente necessárias para converter uma determinada quantidade de fio em artigos têxteis. Portanto, seu produto de 20 horas não tinha mais valor do que aquele que antes elaborava em 10 horas.

Então, se a quantidade de trabalho socialmente necessária, incorporada nas mercadorias, é o que determina o valor de troca dessas mercadorias, ao aumentar a quantidade de trabalho exigida para produzir uma mercadoria aumenta necessariamente o seu valor; e, vice-versa, diminuindo aquela, baixa este.

Se as respectivas quantidades de trabalho necessárias para produzir as respectivas mercadorias permanecessem constantes, seriam também constantes seus valores relativos. Porém, não é o que acontece. A quantidade de trabalho necessária para

---

* Medida inglesa equivalente a 0,914m.

produzir uma mercadoria varia constantemente ao variarem as forças produtivas do trabalho aplicado. Quanto maiores são as forças produtivas do trabalho, mais produtos serão produzidos num dado tempo de trabalho; e quanto menores são, menos se produz na mesma unidade de tempo. Por exemplo, ao crescer a população, se fosse necessário cultivar terras menos férteis, teríamos de investir uma quantidade maior de trabalho para obter a mesma produção, o que causaria uma alta do valor dos produtos agrícolas. Por outro lado, se um só tecelão, com os modernos meios de produção, ao fim do dia, converte em fio mil vezes mais algodão que antes fiava no mesmo espaço de tempo com auxílio da roca, é evidente que, agora, cada libra de algodão absorverá mil vezes menos trabalho de fiação que antes e, por consequência, o valor que o processo de fiação incorpora em cada libra de algodão será mil vezes menor. E na mesma proporção decrescerá o valor do fio.

À parte as diferenças nas energias naturais e na destreza adquirida para o trabalho entre os diversos povos, as forças produtivas do trabalho dependerão, principalmente:

1. Das condições *naturais* do trabalho: fertilidade do solo, riqueza das jazidas minerais etc.

2. Do aperfeiçoamento progressivo das *forças sociais do trabalho* por causa da produção em grande escala, da concentração do capital, da combinação e da divisão do trabalho, da maquinaria, do aperfeiçoamento dos métodos, da aplicação de processos químicos e de outras forças naturais, da redução do tempo e do espaço graças aos meios de comunicação e de transporte, e todos os demais inventos pelos quais a ciência coloca as forças naturais a serviço do trabalho, e pelos quais se desenvolve o caráter social ou cooperativo do trabalho. Quanto maior é a força produtiva do trabalho, menos trabalho é investido numa dada quantidade de

produtos e, portanto, menor é o valor desses produtos. Quanto menores são as forças produtivas do trabalho, mais trabalho se emprega na mesma quantidade de produtos e, por consequência, maior é o seu valor. Podemos, então, estabelecer como lei geral o seguinte:

Os valores das mercadorias estão na razão direta do tempo de trabalho incorporado em sua produção e na razão inversa das forças produtivas do trabalho empregado.

Como até aqui só falamos do *valor*, acrescentarei algumas palavras sobre o *preço*, que é uma forma particular assumida pelo valor.

Em si mesmo, o preço não é outra coisa senão a expressão *monetária do valor.* Os valores de todas as mercadorias deste país são representados, por exemplo, em preços-ouro, enquanto no continente o são quase sempre em preços-prata. O valor do ouro, ou da prata, é determinado como o de qualquer mercadoria, pela quantidade de trabalho necessária à sua extração. Vamos trocar uma certa quantidade de produtos nacionais, na qual está incorporada uma determinada quantidade de trabalho nacional, pelos produtos dos países produtores de ouro e prata, nos quais é incorporada uma determinada quantidade de *seu* trabalho. É por este processo, na verdade pela simples troca, que aprendemos a exprimir em ouro e prata os valores de todas as mercadorias, isto é, as quantidades respectivas de trabalho empregadas na sua produção. Se aprofundamos mais na expressão monetária do valor, ou, o que vem a ser o mesmo, na conversão do valor em preço, veremos que se trata de um processo pelo qual se dá aos *valores* de todas as mercadorias uma *forma independente e homogênea*, pelo qual se representa esses valores como quantidades de igual trabalho social. Na medida em que é apenas a expressão monetária do valor, o preço foi denominado *preço natural*, por Adam Smith, e *prix nécessaire* [preço necessário – francês], pelos fisiocratas franceses.

Qual é então a relação entre o *valor* e os *preços de mercado*, ou entre *preços naturais* e *preços do mercado*? Sabemos que o preço de mercado é o mesmo para todas as mercadorias da mesma espécie, por muito que sejam diferentes as condições de produção dos produtores individuais. Os preços de mercado representam apenas a *quantidade média de trabalho social*, que, em condições médias de produção, é necessária para abastecer o mercado com determinada quantidade de um certo artigo, que se calcula conforme a quantidade total de uma mercadoria de determinada espécie.

Até agora, o *preço de mercado* de uma mercadoria coincide com o seu *valor*. Por outro lado, as oscilações dos preços de mercado – que algumas vezes excedem o valor, ou preço natural, e outras vezes ficam abaixo dele – dependem das variações da oferta e da procura. Os preços de mercado se diferenciam constantemente dos valores, mas, como diz Adam Smith:

> O preço natural é... o preço central em torno do qual gravitam constantemente os preços das mercadorias. Circunstâncias diversas podem mantê-los muito acima desse ponto e, por vezes, um pouco abaixo. Quaisquer, porém, que sejam os obstáculos que os impeçam de se deter nesse centro de repouso e estabilidade, eles sempre tendem para essa direção.[14]

Não posso, agora, aprofundar este assunto. Basta dizer que *se* a oferta e a procura se equilibram, os preços das mercadorias no mercado corresponderão a seus preços naturais, isto é, a seus valores, determinados pelas respectivas quantidades de trabalho necessárias à sua produção. Mas a oferta e a procura *devem*

---

[14] Adam Smith, *The wealth of nations*. T. I, cap. VII.

constantemente tender para o equilíbrio, embora só o alcancem compensando uma variação com outra, uma alta com uma baixa, e *vice-versa*. Se em vez de se considerar somente as variações diárias, analisarmos o movimento dos preços de mercado durante um período maior, como o fez, por exemplo, o sr. Tooke, na sua *História dos preços*, descobriremos que as variações dos preços de mercado, seus desvios em relação aos valores, suas altas e baixas, se compensam e se neutralizam de tal maneira que, não considerando a influência exercida pelos monopólios e por algumas outras restrições nas quais não posso me deter, todas as espécies de mercadorias são vendidas, em média, pelos seus respectivos *valores* ou preços naturais. Os períodos médios de tempo durante os quais se compensam entre si as variações dos preços de mercado são diferentes para as diferentes espécies de mercadorias, por ser mais fácil ajustar a oferta de uma mercadoria qualquer à sua procura do que outra mercadoria qualquer.

De um modo geral e considerando períodos de tempo bastante longos, se todas as espécies de mercadorias são vendidas pelos seus respectivos valores, é absurdo supor que o lucro – não em casos isolados, mas o lucro constante e normal das diversas indústrias – seja resultado de uma *majoração* dos preços das mercadorias, ou da sua venda por um preço consideravelmente superior ao seu *valor*. O absurdo dessa ideia torna-se evidente pela sua generalização. O que se ganha constantemente como vendedor, perde-se constantemente como comprador. E para nada serve dizer que há pessoas que compram sem vender, consumidores que não são produtores. O que esses consumidores não produtores pagam ao produtor teriam antes de receber desse produtor gratuitamente. Se uma pessoa recebe o seu dinheiro e logo o devolve comprando suas mercadorias, por esse caminho nunca enriquecerá por mais caro que venda as suas mercadorias. Esse tipo de negócio poderá reduzir uma perda, mas jamais contribuirá para realizar um lucro.

Portanto, para explicar a *natureza geral dos lucros* devemos partir do teorema segundo o qual as mercadorias são *vendidas*, em média, pelo seu *valor real* e que *os lucros são obtidos vendendo--se as mercadorias pelos seus valores*, ou seja, proporcionalmente à quantidade de trabalho nelas incorporada. Se não conseguimos explicar o lucro a partir dessa hipótese, de nenhum outro modo conseguiremos explicá-lo. Isso parece um paradoxo e contraditório com a observação de todos os dias. Mas também parece paradoxal que a Terra gire ao redor do Sol e que a água seja composta por dois gases altamente inflamáveis. As verdades científicas são sempre paradoxais quando julgadas pela experiência de todos os dias, que somente capta a aparência enganadora das coisas.

VII - Força de trabalho

Depois de analisarmos, na medida do possível, em um exame tão rápido, a natureza do *valor*, do *valor de uma mercadoria qualquer*, devemos voltar nossa atenção para o *valor* específico *do trabalho*. E aqui tenho de, novamente, surpreender o leitor com outro aparente paradoxo. Todos estamos completamente convencidos de que o que vendemos todos os dias é o nosso trabalho; portanto, o trabalho tem um preço e, embora o preço de uma mercadoria seja apenas a expressão em dinheiro do seu valor, deve existir, sem dúvida alguma, qualquer coisa parecida com o *valor do trabalho*. E, não obstante, não existe nada como o *valor do trabalho*, no sentido corrente da palavra. Vimos que a quantidade de trabalho necessária incorporada numa mercadoria constitui o seu valor. Aplicando agora esse conceito do valor, como poderíamos determinar, por exemplo, o valor de uma jornada de trabalho de 10 horas? Quanto trabalho está contido nessa jornada? Dez horas de trabalho. Dizer que o valor de uma jornada de trabalho de 10 horas equivale a 10 horas de trabalho, ou à quantidade de trabalho contida nela, é fazer uma afirmação redundante e, além disso, sem sentido. Naturalmente, depois de encontrarmos o sentido verdadeiro, porém oculto, da expressão *valor do trabalho*, estaremos em condições de interpretar essa aplicação irracional e aparentemente impossível do valor, assim como estaremos em condições de explicar os movimentos, aparentes ou somente perceptíveis, dos corpos celestes, após termos descoberto os seus movimentos reais.

O que o operário vende não é propriamente o seu *trabalho*, mas a sua *força de trabalho* [*labouring power*], cedendo temporariamente ao capitalista o direito de dispor dela. Tanto é assim que, não sei se as leis inglesas o fazem, mas, desde logo, algumas leis de países do continente fixam um *tempo máximo* durante o qual uma pessoa pode vender a sua força de trabalho. Se lhe fosse permitido vendê-la sem limitação de tempo, teríamos imediatamente restabelecida a escravatura. Semelhante venda – se o operário vendesse a sua força de trabalho por toda a vida, por exemplo – convertê-lo-ia imediatamente em escravo do patrão até o final de seus dias.

Thomas Hobbes,[15] um dos economistas mais antigos e dos mais originais filósofos da Inglaterra, assinalou em seu *Leviathan*, instintivamente, este ponto, que escapou a todos os seus sucessores: "O valor de um homem é, como para todas as outras coisas, o seu preço, isto é, o que se pagaria pelo uso de sua força".

---

[15] Thomas Hobbes (1588-1679), filósofo inglês, empírico, ideólogo da nobreza aburguesada. Defendeu o poder ilimitado do Estado em suas obras, sobretudo no *Leviathan*, escrito em 1651, que foi queimado em público, após a restauração dos Stuarts.

Partindo desse princípio, podemos determinar o *valor do trabalho*, assim como o valor de todas as outras mercadorias.

Antes, porém, devemos perguntar qual é a origem deste fenômeno singular: de encontrarmos no mercado um grupo de compradores possuidores de terras, maquinaria, matérias-primas e meios de vida – coisas essas que, exceto a terra em seu estado bruto, são *produtos do trabalho* – e, por outro lado, um grupo de vendedores que nada têm a vender senão sua força de trabalho, os seus braços e cérebros laboriosos? Como se explica que um dos grupos compre constantemente para realizar lucro e enriquecer, enquanto o outro grupo vende constantemente para ganhar o pão de cada dia? Investigar esse problema seria investigar o que os economistas chamam de acumulação prévia ou original mas que deveria ser chamada de *expropriação original*. Então veríamos que essa chamada *acumulação original* não é senão uma série de processos históricos que resultaram na *decomposição da unidade original* existente entre o homem trabalhador e seus instrumentos de trabalho. Essa observação, todavia, está fora dos limites do nosso tema atual. Uma vez consumada a *separação* entre o trabalhador e os seus instrumentos de trabalho, esse estado de coisas há de se manter e de se reproduzir em escala sempre crescente, até que uma nova e radical revolução no modo de produção destrua tal situação e restaure a unidade primitiva sob uma nova forma histórica.

O que é, pois, o *valor da força de trabalho*?

Como o de qualquer outra mercadoria, esse valor é determinado pela quantidade de trabalho necessária para sua produção. A força de trabalho de um homem consiste, pura e simplesmente, na sua individualidade viva. Para poder se desenvolver e se manter, um homem precisa consumir uma determinada quantidade de meios de subsistência. Mas o homem, como a máquina, desgasta-se e tem de ser substituído por outro homem. Além da quantidade de meios de subsistência necessários para o *seu próprio* sustento, ele precisa de outra quantidade dos mesmos artigos para criar determinado número de filhos, que terão de substituí-lo no mercado de trabalho e perpetuar a classe dos trabalhadores. Além disso, tem de gastar uma soma de valores no desenvolvimento de sua força de trabalho e na aquisição de uma certa habilidade. Para o nosso objetivo, basta considerar apenas o trabalho *médio*, cujos gastos com educação e aperfeiçoamento são grandezas insignificantes. Porém, devo aproveitar a ocasião para constatar que, assim como são diferentes os custos de produção de forças de trabalho de diferentes qualidades, também são diferentes os valores das forças de trabalho usadas nas diferentes indústrias. Portanto, a reivindicação pela *igualdade de salários* baseia-se num equívoco, é um desejo *insensato*, que jamais será realizado. É fruto de um radicalismo falso e superficial, que aceita as premissas e procura fugir das conclusões. Nas bases do sistema de trabalho assalariado, o valor da força de trabalho é fixado como o de outra mercadoria qualquer; e como os diferentes tipos de força de trabalho têm valores diferentes, ou seja, exigem para a sua produção distintas quantidades de trabalho, necessariamente *têm* de ter preços diferentes no mercado de trabalho. Reivindicar uma *retribuição igual*, ou simplesmente uma *retribuição equitativa*, na base do sistema de trabalho assalariado, é o mesmo que pedir *liberdade* na base do sistema escravocrata. O que se considera justo ou equitativo não vem ao caso. O problema está em saber o que é necessário e inevitável num dado sistema de produção.

Depois do que dissemos, afirmamos que o *valor da força de trabalho* é determinado pelo *valor dos meios de subsistência* necessários para produzir, desenvolver, manter e perpetuar a força de trabalho.

VIII - A produção da mais-valia

Suponhamos agora que a quantidade média diária de artigos de primeira necessidade imprescindíveis à vida de um operário exija *6 horas de trabalho médio* para a sua produção. Suponhamos, além disso, que essas 6 horas de trabalho médio se materializem numa quantidade de ouro equivalente a 3 xelins. Em tais condições, os 3 xelins seriam o *preço* ou a expressão em dinheiro do *valor diário da força de trabalho* desse homem. Se ele trabalhasse 6 horas diárias, ele produziria um valor suficiente para comprar a quantidade média de artigos de primeira necessidade, para se manter como operário.

Mas o nosso homem é um trabalhador assalariado. Portanto, precisa vender a sua força de trabalho a um capitalista. Se a vende por 3 xelins diários, ou por 18 semanais, vende-a pelo seu valor. Vamos supor que se trata de um tecelão; se ele trabalha 6 horas por dia, incorpora ao algodão, diariamente, um valor de 3 xelins. Esse valor, diariamente incorporado por ele, representa um equivalente exato do salário, ou de preço de sua força de trabalho, que recebe diariamente. Mas, neste caso, não restaria para o capitalista nenhuma *mais-valia* ou *sobreproduto*. É aqui, então, que nos deparamos com a verdadeira dificuldade.

Ao comprar a força de trabalho do operário e ao pagar o seu valor, o capitalista adquire, como qualquer outro comprador, o direito de consumir ou usar a mercadoria que comprou. A força de trabalho de um homem é consumida, ou usada, fazendo--o trabalhar, assim como se consome ou se usa uma máquina fazendo-a funcionar. Portanto, ao comprar o valor diário, ou semanal, da força de trabalho do operário, o capitalista adquire o direito de servir-se dela ou de fazê-la funcionar durante *todo o dia ou toda a semana*. A jornada de trabalho, ou a semana de trabalho, têm naturalmente certos limites, mas a isso voltaremos, em detalhe, mais adiante.

No momento, quero chamar a atenção para um ponto decisivo. O *valor* da força de trabalho é determinado pela quantidade de trabalho necessária para a sua conservação e reprodução, mas o *uso* dessa força de trabalho só é limitado pela energia e pela força física do operário. O *valor* diário ou semanal da força de trabalho é completamente diferente do "funcionamento" diário ou semanal dessa mesma força de trabalho; são duas coisas completamente distintas, como são coisas diferentes a ração consumida por um cavalo e o tempo que este pode carregar o cavaleiro. A quantidade de trabalho que limita o *valor* da força de trabalho do operário de modo algum limita a quantidade de trabalho que sua força de trabalho pode executar. Tomemos o exemplo do nosso tecelão. Para recompor diariamente a sua força de trabalho, esse operário precisa reproduzir um valor diário de 3 xelins, o que faz com um trabalho diário de 6 horas. Isso, porém, não lhe tira a capacidade de trabalhar 10, 12 ou mais horas diariamente. Mas, ao pagar o *valor* diário ou semanal da força de trabalho do tecelão, o capitalista adquire o direito de usar essa força de trabalho durante *todo o dia ou toda a semana*. Portanto, digamos que irá fazê-lo trabalhar *12* horas diárias, ou seja, *além* das 6 horas necessárias para recompor o seu salário, ou o valor de sua força de trabalho, terá de trabalhar outras 6 horas, a que chamarei horas de *sobretrabalho*, e esse sobretrabalho se traduzirá em uma *mais-valia* e em um *sobreproduto*. Se, por exemplo, nosso tecelão, com o seu trabalho diário de 6 horas, acrescenta ao algodão um valor de 3 xelins, valor que constitui um equivalente exato de seu salário, em 12 horas acrescentará ao algodão um valor de 6 xelins e produzirá uma *correspondente quantidade adicional de fio*. E, como vendeu sua força de trabalho ao capitalista, todo o valor ou todo o produto por ele criado pertence ao capitalista, que é dono, *pro tem*,* de sua força de trabalho. Portanto, desembolsando 3 xelins, o capitalista realizará o valor de 6 xelins, pois pelo pagamento do valor de 6 horas de trabalho recebeu em troca um valor relativo a 12 horas de trabalho. Ao se repetir, diariamente, tal operação, o capitalista adiantará 3 xelins por dia e embolsará 6 xelins; desse montante, a metade tornará a investir no pagamento de novos salários, enquanto a outra metade formará a *mais-valia*, pela qual o capitalista não paga equivalente algum. Esse tipo de troca entre o capital e o trabalho é que serve de base à produção capitalista, ou ao sistema de trabalho assalariado e tem de conduzir, sem cessar, à constante reprodução do operário como operário e do capitalista como capitalista.

A taxa de mais-valia, se todas as outras circunstâncias permanecerem invariáveis, dependerá da proporção entre a parte da jornada de trabalho necessária para reproduzir o valor da força de trabalho e o *excedente de tempo*, ou *sobretrabalho*, realizado para o capitalista. Dependerá, por isso, *da proporção em que a jornada de trabalho é prolongada além do tempo* durante o qual o operário, com o seu trabalho, reproduz apenas o valor de sua força de trabalho, ou repõe o seu salário.

IX - O valor do trabalho

Devemos agora voltar à expressão *valor ou preço do trabalho*.

Vimos que, na realidade, esse valor nada mais é que o valor da força de trabalho, medido pelos valores das mercadorias ne-

---

* Abreviatura da expressão *pro tempore*, que aqui poderá significar temporário, embora o sentido latino aponte mais para "segundo as circunstâncias", "segundo os tempos" etc.

cessárias à sua manutenção. Mas como o operário só recebe o seu salário *depois* de realizar o seu trabalho e como, além disso, sabe que o que entrega realmente ao capitalista é o seu trabalho, o valor ou preço de sua força de trabalho aparece-lhe necessariamente como o *preço* ou *valor do seu próprio trabalho*. Se o preço de sua força de trabalho é 3 xelins, nos quais se materializam 6 horas de trabalho, e ele trabalha 12 horas, forçosamente o operário considerará esses 3 xelins como o valor ou preço de 12 horas de trabalho, se bem que estas 12 horas representem um valor de 6 xelins. Aqui se chega a duas conclusões:

Primeira: o *valor ou preço da força de trabalho* toma a aparência do *preço ou valor do próprio trabalho*, ainda que a rigor as expressões valor e preço do trabalho careçam de sentido.

Segunda: ainda que apenas uma parte do trabalho diário do operário seja *paga*, enquanto a outra parte *não é paga*, e ainda que este trabalho não remunerado, ou sobretrabalho, seja precisamente o fundo de que se forma a *mais-valia* ou *lucro*, fica parecendo que todo o trabalho é trabalho pago.

Essa falsa aparência distingue o *trabalho assalariado* das outras formas *históricas* do trabalho. Dentro do sistema de trabalho assalariado, até o trabalho *não pago* parece trabalho *pago*. Ao contrário, no trabalho *escravo*, parece ser trabalho não remunerado até a parte do trabalho que se paga. Claro que, para poder trabalhar, o escravo tem de viver, e uma parte de sua jornada de trabalho serve para repor o valor de seu próprio sustento. Mas como entre ele e seu senhor não houve trato algum, nem existe entre eles qualquer ato de compra e venda, todo o seu trabalho parece ser gratuito.

Tomemos, por outro lado, o servo camponês, tal como existia – quase diríamos – ainda ontem mesmo, em toda a Europa oriental. Esse camponês, por exemplo, trabalhava três dias para si, na sua própria terra, ou na que lhe havia sido atribuída; nos três dias seguintes, realizava um trabalho compulsório e gratuito na propriedade de seu senhor. Como vemos, aqui as duas partes do trabalho – a paga e a não paga – aparecem visivelmente separadas no tempo e no espaço; e os nossos liberais indignavam-se moralmente ante a ideia vergonhosa de obrigar um homem a trabalhar de graça.

Mas, na realidade, tanto faz uma pessoa trabalhar três dias na semana para si, na sua própria terra, e outros três dias de graça na gleba do senhor, como trabalhar diariamente na fábrica, ou na oficina, 6 horas para si e 6 para o seu patrão, ainda que, neste caso, a parte do trabalho pago e a parte do trabalho não pago apareçam inseparavelmente dissimuladas pela *intervenção de um contrato* e pelo *pagamento* efetuado semanalmente. No primeiro caso, o trabalho não remunerado é visivelmente arrancado pela força; no segundo, parece entregue voluntariamente. Eis a única diferença.

Sempre que eu empregar, portanto, a expressão *valor do trabalho* emprega-la-ei como termo popular, sinônimo de *valor da força de trabalho*.

X - O lucro é obtido pela venda de uma mercadoria pelo seu valor

Suponhamos que uma hora de trabalho médio realize um valor de 6 pence ou 12 horas de trabalho médio realize um valor de 6 xelins. Suponhamos, ainda, que o valor do trabalho represente 3 xelins, ou seja, o produto de 6 horas de trabalho. Se nas matérias-primas, maquinaria etc., usadas para produzir uma determinada mercadoria, se materializam 24 horas de trabalho médio, o seu valor elevar-se-á a 12 xelins. Se, além disso, o operário empregado pelo capitalista acrescenta a esses meios de produção 12 horas de trabalho, teremos que essas 12 horas se materializam num valor adicional de 6 xelins. Portanto, *o valor total do produto* se elevará a 36 horas de trabalho realizado, equivalente a 18 xelins. Porém, como o valor do trabalho, ou o salário recebido pelo operário, só representa 3 xelins, decorre daí que o capitalista não pagou equivalente algum pelas 6 horas de sobretrabalho realizadas pelo operário e incorporadas no valor da mercadoria. Vendendo essa mercadoria pelo seu valor, por 18 xelins, o capitalista obterá, portanto, um valor de 3 xelins, pelo o qual não pagou equivalente algum. Esses 3 xelins representarão a mais-valia ou lucro, que o capitalista embolsa. O capitalista obterá, por consequência, um lucro de 3 xelins, não por vender a sua mercadoria a um preço que *exceda* o seu valor, mas por vendê-la *pelo seu valor real*.

O valor de uma mercadoria é determinado pela *quantidade total de trabalho* nela contida. Mas uma parte dessa quantidade de trabalho representa um valor pelo qual foi pago um equivalente em forma de salários; outra parte está realizada num valor pelo qual *nenhum* equivalente foi pago. Uma parte do trabalho incluído na mercadoria é trabalho *pago*; a outra parte, trabalho *não pago*. Logo, quando o capitalista vende a mercadoria *pelo seu valor*, isto é, como cristalização da *quantidade total de trabalho* nela aplicado, o capitalista deve forçosamente vendê--la com lucro. Vende não só o que lhe custou um equivalente, como também o que não lhe custou nada, embora haja exigido o trabalho do seu operário. O custo da mercadoria para o capitalista e o custo real da mercadoria são coisas inteiramente diferentes. Repito, pois, que lucros normais e médios são obtidos vendendo-se as mercadorias, *não acima* do que valem, mas sim *pelo seu verdadeiro valor*.

XI - As diversas partes em que se divide a mais-valia

À *mais-valia,* ou àquela parte do valor total da mercadoria em que está realizado o *sobretrabalho,* ou *trabalho não pago* do operário, chamo *lucro.* Esse lucro não vai, na sua totalidade, para o bolso do capitalista. O monopólio do solo permite que o proprietário da terra se aproprie de uma parte dessa *mais-valia,* sob a denominação de *renda* da terra, quer o solo seja utilizado na agricultura, ou se destine à construção de edifícios, ferrovias ou a qualquer outro fim produtivo. Por outro lado, o fato de a posse dos *instrumentos de trabalho* permitir ao empregador capitalista a produção de *mais-valia,* ou, o que dá no mesmo, *apropriar-se de uma determinada quantidade de trabalho não pago,* é precisamente o que permite, também, ao proprietário dos meios de trabalho, que os empresta total ou parcialmente ao empregador capitalista, numa palavra, permite ao capitalista que empresta o dinheiro reivindicar para si mesmo outra parte dessa mais-valia, sob o nome de *juro,* de modo que ao capitalista empregador, *como tal,* só lhe sobra o chamado *lucro industrial ou comercial.*

Saber a que leis está submetida a divisão, entre as três categorias de pessoas aqui mencionadas, do total da mais-valia é inteiramente estranho ao nosso tema.

Mas, do exposto, depreende-se, pelo menos, o seguinte: a *renda da terra, o juro e o lucro industrial* nada mais são do que *nomes diferentes para as diferentes partes* da *mais-valia* de uma mercadoria, ou do *trabalho não pago, que nela se materializa,* e todos *provêm por igual desta fonte e só desta fonte.* Não provêm da terra, como tal, nem do capital em si; mas a terra e o capital permitem a seus possuidores obterem a sua parte correspondente na mais-valia que o empregador capitalista extorque do operário. Para o trabalhador, é uma questão de importância secundária que essa mais-valia, fruto de seu sobretrabalho, ou trabalho não remunerado, seja exclusivamente embolsada pelo empregador capitalista, ou que este se veja obrigado a ceder partes dela a terceiros, sob o nome de renda da terra, ou juro. Suponhamos que o empregador utilize apenas capital próprio e seja ele mesmo o proprietário da terra [*landlord*]; neste caso, toda a mais-valia irá parar em seu bolso.

É o empregador capitalista quem extrai diretamente do operário a mais-valia, seja qual for a parte que, no fim, ele consiga reservar para si. Por isso, desta relação entre o empregador capitalista e o operário assalariado depende todo o sistema de trabalho assalariado e todo o atual sistema de produção. É por isso que alguns dos cidadãos que tomaram parte no nosso debate não tinham razão quando tentaram atenuar as proporções das coisas e apresentar esta relação fundamental entre o empregador capitalista e o operário como uma questão secundária, embora, por outro lado, tivessem razão quando afirmaram que, em dadas circunstâncias, um aumento dos preços pode afetar de um modo muito desigual o empregador capitalista, o proprietário da terra, o capitalista que empresta dinheiro e, se quiserem, o coletor de impostos.

Do exposto resulta ainda outra consequência: a parte do valor da mercadoria que representa unicamente o valor das matérias-primas e das máquinas, numa palavra, o valor dos meios de produção consumidos, *não* gera nenhum *rendimento*, mas *se limita* a repor o *capital*. Mas, fora isso, é falso que a outra parte do valor da mercadoria, *que proporciona rendimentos*, ou pode ser gasta sob a forma de salário, lucro, renda da terra e juro, seja *constituída* pelo valor dos salários, pelo valor da renda da terra, pelo valor do lucro etc. Por ora deixaremos de lado os salários e só trataremos do lucro industrial, do juro e da renda da terra. Acabamos de ver que a *mais-valia* contida na mercadoria, ou a parte do valor da mercadoria na qual está incorporado o *trabalho não pago*, por sua vez, se decompõe em várias partes, designadas por três nomes diferentes. Afirmar, porém, que seu valor é *composto* de, ou *formado* pela *soma* total dos *valores independentes dessas três partes constituintes*, seria afirmar o contrário da verdade.

Se uma hora de trabalho se realiza num valor de 6 pence e se a jornada de trabalho do operário é de 12 horas e a metade desse tempo for trabalho não pago, esse sobretrabalho acrescentará à mercadoria uma *mais-valia* de 3 xelins, isto é, um valor pelo qual não se paga nenhum equivalente. Essa mais-valia de 3 xelins constitui a *totalidade* [*whole*] *do fundo* que o empregador capitalista pode repartir, qualquer que seja a proporção, com o proprietário da terra e com o capitalista financeiro. O valor desses 3 xelins forma o limite do valor que eles podem repartir entre si. Mas não é o empregador capitalista que acrescenta ao valor da mercadoria um valor arbitrário para seu lucro, acrescentando em seguida outro valor para o proprietário da terra e assim por diante, de tal maneira que a soma desses valores arbitrariamente fixados constituísse o valor total. Vejam, portanto, o erro da ideia generalizada, que confunde a *divisão de um dado valor* em três partes, com a *formação* desse valor, pela soma de três valores *independentes*, convertendo dessa maneira numa grandeza arbitrária o valor total, de onde saem a renda da terra, o lucro e o juro.

Se o lucro total obtido por um capitalista for de 100 libras esterlinas, denominamos esta soma, considerada como grandeza *absoluta*, de *montante do lucro*. Mas, se calcularmos a proporção entre essas 100 libras e o capital desembolsado, a essa grandeza *relativa* chamamos *taxa de lucro*. É evidente que essa taxa de lucro pode ser expressa de duas formas.

Vamos supor que seja de 100 libras o capital *adiantado em salários*. Se a mais-valia obtida for também de 100 libras – o que demonstraria que a metade da jornada de trabalho do operário consiste em trabalho *não pago* – e se medíssemos esse lucro pelo valor do capital desembolsado em salários, diríamos que a *taxa de lucro* seria de 100%, já que o valor desembolsado seria 100 e o valor produzido 200.

Se, por outro lado, não só considerássemos o *capital adiantado em salários*, mas o *capital total adiantado*, digamos, por exemplo, 500 libras, das quais 400 representam o valor das matérias-primas, maquinaria etc., diríamos que a *taxa de lucro* seria de apenas 20%, visto ser o lucro de 100 somente a quinta parte do capital *total* adiantado.

O primeiro modo de expressar a taxa de lucro é o único que nos revela a proporção real entre o trabalho pago e o trabalho não pago, o grau efetivo da *explotation* [exploração – francês] do trabalho. A outra forma é a usual e, para certos fins, é, com efeito, a mais indicada. Em todo caso, é muito útil para dissimular o grau em que o capitalista se apropria de trabalho gratuito do operário.

Nas observações ainda por fazer, empregarei a palavra *lucro* para exprimir o montante total de mais-valia extorquida pelo capitalista, sem me preocupar com a divisão dessa mais-valia entre as diversas partes interessadas; quando usar o termo *taxa de lucro* medirei sempre o lucro pelo valor do capital investido em salários.

XII - Relação geral entre lucros, salários e preços

Se do valor de uma mercadoria descontarmos a parte destinada a repor o de matérias-primas e outros meios de produção empregados, isto é, se descontarmos o valor que representa o trabalho *passado* nela investido, o valor restante reduzir-se-á à quantidade de trabalho acrescentada pelo operário que *por último* se ocupa dela. Se esse operário trabalha 12 horas diárias e 12 horas de trabalho médio cristalizam-se numa soma de ouro igual a 6 xelins, esse valor adicional de 6 xelins é o *único* valor criado pelo seu trabalho. Esse valor, determinado pelo tempo de seu trabalho, é o único fundo do qual tanto o operário quanto o capitalista dispõem para retirar a respectiva participação ou dividendo, é o único valor a ser dividido entre salários e lucros. É evidente que esse valor não será alterado pelas proporções variáveis em que possa dividir-se entre as duas partes. E tampouco haverá alteração se, em vez de um operário isolado, considerarmos toda a população trabalhadora, 12 milhões de jornadas de trabalho, por exemplo, em vez de uma jornada.

Como o capitalista e o operário só podem repartir entre si esse valor, que é limitado, isto é, o valor medido pelo trabalho total do operário, quanto mais um deles receber, menos o outro receberá, e *vice-versa*. Dada uma determinada quantidade, uma das partes crescerá sempre na mesma proporção da diminuição da outra parte. Se os salários forem modificados, os lucros serão modificados no sentido oposto. Se os salários baixam, os lucros subirão; e se os salários sobem, os lucros baixarão. Se o operário, na nossa suposição anterior, ganha 3 xelins, equivalentes à metade do valor criado por ele, ou se a metade da sua jornada de trabalho total é trabalho pago e a outra metade trabalho não remunerado, a *taxa de lucro* será de 100%, visto que o capitalista obterá também 3 xelins. Se o operário só recebe 2 xelins, ou só trabalha para ele a terça parte da jornada total, o capitalista obterá 4 xelins e a taxa de lucro será, neste caso, de 200%. Se o operário recebe 4 xelins, o capitalista só poderá embolsar 2, sendo que a taxa de lucro descerá, portanto, para 50%. Porém, todas essas variações não influem no valor da mercadoria. Logo, um aumento geral de salários determinaria uma diminuição da taxa geral de lucro, mas não afetaria os valores.

No entanto, embora os valores das mercadorias – que, em última instância, vão regular seus preços no mercado – estejam determinados exclusivamente pela quantidade total de trabalho incorporada neles, e não pela divisão dessa quantidade em trabalho pago e trabalho não pago, não se pode concluir daqui, de modo algum que os valores das diversas mercadorias, *ou* lotes de mercadorias fabricadas em 12 horas, por exemplo, sejam sempre os mesmos. O *número*, ou a soma das mercadorias fabricadas num determinado tempo de trabalho, ou por uma determinada quantidade de trabalho, depende da *força produtiva* do trabalho empregado e não da sua *extensão* ou duração. Com um determinado grau de força produtiva do trabalho de fiação, por exemplo, poderão ser produzidas, numa jornada de trabalho de 12 horas, 12 libras-peso de fio; com um grau menor de força produtiva, serão produzidas tão somente 2. Portanto, no primeiro caso, se as 12 horas de trabalho médio se materializam num valor de 6 xelins, as 12 libras-peso de fio custarão 6 xelins, o mesmo o que custariam, no segundo caso, as 2 libras-peso. Quer dizer que, no primeiro caso, a libra-peso de fio custará 6 pence; no segundo, 3 xelins. Essa diferença de preço é uma consequência da diferença existente entre as forças produtivas do trabalho empregado. Com maior força produtiva, uma hora de trabalho produz uma libra-peso de fio; com força produtiva menor, para se obter uma libra-peso de fio há a necessidade de 6 horas de trabalho. No primeiro caso, o preço da libra de fio é de apenas 6 pence apesar de os salários serem relativamente altos e a taxa de lucro, baixa; no segundo caso, o preço se eleva a 3 xelins, mesmo com salários baixos e com uma taxa de lucro elevada. Assim sucede porque o preço da libra-peso de fio é determinado pelo *montante total de trabalho aplicado nela* e não pela *divisão proporcional desse montante total em trabalho pago e não pago*. O fato, antes apontado por mim, de que um trabalho bem pago pode produzir mercadorias baratas, e um trabalho mal pago, mercadorias caras, perde, com isso, a sua aparência paradoxal. É apenas a expressão da lei geral de que o valor de uma mercadoria é determinado pela quantidade de trabalho nela aplicada e de que essa quantidade de trabalho aplicada depende exclusivamente da força produtiva do trabalho empregada, variando, por conseguinte, ao variar a produtividade do trabalho.

XIII - Principais casos de luta por aumento de salários ou contra sua redução

Examinemos, agora, seriamente, os principais casos em que se tenta obter um aumento de salários, ou se opõe resistência à sua redução.

1. Vimos que o *valor da força de trabalho*, ou, em termos mais populares, o *valor do trabalho*, é determinado pelo valor dos artigos de primeira necessidade, ou pela quantidade de trabalho necessária à sua produção. Por conseguinte, se, num determinado país, o valor médio dos artigos de primeira necessidade – média diária que um operário consome – representa 6 horas de trabalho, expressas em 3 xelins, esse trabalhador terá de trabalhar 6 horas por dia para produzir o equivalente ao seu sustento diário. Se a jornada de trabalho foi de 12 horas, o capitalista pagará o valor de seu trabalho, entregando-lhe 3 xelins. Metade da jornada de trabalho será trabalho não pago e, portanto, a taxa de lucro será de 100%. Mas, vamos supor, agora, que, em consequência de uma diminuição da produtividade, seja necessário mais trabalho para produzir, digamos, a mesma quantidade de produtos agrícolas, de tal forma que

o preço dos artigos diariamente necessários suba de 3 para 4 xelins. Neste caso, o *valor do trabalho* aumentaria de $^1/_3$, ou seja, de 33,3%. Para produzir o equivalente ao sustento diário do trabalhador, dentro do padrão de vida anterior, seriam necessárias 8 horas de jornada de trabalho. Logo, o sobretrabalho diminuiria de 6 para 4 horas e a taxa de lucro seria reduzida de 100% para 50%. O trabalhador que, nessas condições, pedisse um aumento de salário, estaria apenas exigindo o pagamento do *valor de seu trabalho aumentado*, como qualquer outro vendedor que, quando o custo de produção de sua mercadoria aumenta, procura conseguir que o comprador lhe pague esse aumento do valor. E se os salários não sobem, ou não sobem na proporção suficiente para compensar o aumento do valor dos artigos de primeira necessidade, o *preço do trabalho* cairá para um valor abaixo do *valor do trabalho* e o padrão de vida do trabalhador será pior.

Mas também pode acontecer uma mudança em sentido contrário. Com a elevação da produtividade do trabalho, pode acontecer que a mesma quantidade média de artigos de primeira necessidade, consumidos diariamente, baixe de 3 para 2 xelins, ou que, em vez de 6 horas de jornada de trabalho, sejam necessárias apenas 4 horas para produzir o equivalente do valor dos artigos de primeira necessidade consumidos num dia. O operário poderia, então, comprar por 2 xelins exatamente os mesmos artigos de primeira necessidade que antes lhes custavam 3 xelins. Na realidade, o *valor do trabalho* diminuiria, mas esse valor diminuído compraria a mesma quantidade de mercadorias que antes. O lucro subiria de 3 para 4 xelins e a taxa de lucro subiria de 100% para 200%. Ainda que o padrão de vida absoluto do trabalhador continuasse sendo o mesmo, seu salário *relativo* e, portanto, a sua *posição social relativa*, comparada com a do capitalista, teria piorado. Opondo-se a essa redução de seu salário relativo, o trabalhador estaria apenas lutando para obter uma parte do acréscimo das forças produtivas do seu próprio trabalho e para manter a sua antiga situação relativa na escala social. Assim, após a abolição das leis sobre os cereais e violando, flagrantemente, as promessas solenes que haviam feito em sua campanha de propaganda contra aquelas leis, os industriais ingleses diminuíram, em geral, os salários em 10%. A princípio, a resistência dos trabalhadores foi frustrada, porém, mais tarde, conseguiu-se a recuperação dos 10% perdidos, em consequência de circunstâncias a que não posso me deter para examinar agora.

2. Os *valores* dos artigos de primeira necessidade e, por conseguinte, o *valor do trabalho* podem permanecer invariáveis, mas o *preço* desses artigos *em dinheiro* pode sofrer alteração, desde que haja uma prévia modificação no *valor do dinheiro*.

Com a descoberta de jazidas mais férteis etc., a produção de 2 onças de ouro, por exemplo, não demandaria mais trabalho do que antes exigia a produção de uma onça. Neste caso, o *valor do ouro* baixaria para metade, em 50%. Como, em consequência, os *valores* das demais mercadorias seriam expressos pelo dobro do seu *preço* anterior *em dinheiro*, o mesmo aconteceria com o *valor do trabalho*. As 12 horas de trabalho, que antes se expressavam em 6 xelins, agora se expressariam em 12 xelins. Logo, se o salário do operário continuasse a ser de 3 xelins, em vez de subir para 6, resultaria que o *preço em dinheiro do seu trabalho* só corresponderia à *metade do valor do seu trabalho*, e seu padrão de vida pioraria assustadoramente. O mesmo ocorreria, em grau maior ou menor, se o seu salário subisse, mas não proporcionalmente à baixa do valor do ouro. Em tal caso, não se teria operado a menor mudança, nem nas forças produtivas do trabalho, nem na oferta e na procura, nem nos valores. Só o *nome* em dinheiro desses valores teria mudado. Dizer, neste caso, que o operário não deve lutar pelo aumento proporcional do seu salário equivale a dizer que ele deve se contentar em ter o seu trabalho pago com palavras em vez de ser pago com coisas. Toda a história do passado mostra que, sempre que acontece uma depreciação do dinheiro, os capitalistas aproveitam a oportunidade para espoliar os operários. Uma numerosa escola de economistas afirma que, em consequência das novas descobertas de terras auríferas, da melhor exploração das minas de prata e do barateamento no fornecimento do mercúrio, o valor dos metais preciosos voltou a ser depreciado. Isso explicaria as tentativas generalizadas e simultâneas que se fazem no Continente[16] para conseguir um aumento de salários.

3. Até aqui partimos da suposição de que a *jornada de trabalho* tem limites determinados. Mas, na realidade, essa jornada, em si mesma, não tem limites constantes. O capital tende constantemente a dilatá-la ao máximo de sua possibilidade física, já que, na mesma proporção, aumenta o sobretrabalho e, portanto, o lucro dele derivado. Quanto mais êxito tiver o capital para aumentar a jornada de trabalho, maior será a quantidade de trabalho alheio de que se apropriará. Durante o século XVII, e até mesmo durante os primeiros $^2/_3$ do século XVIII, a jornada normal de trabalho, em toda a Inglaterra, era de 10 horas. Durante a guerra contra os jacobinos,[17] que foi, na realidade, uma guerra dos barões ingleses contra as massas trabalhadoras inglesas, o capital viveu dias de orgia e prolongou a jornada de 10

---

[16] Marx se refere aos países do continente europeu.

[17] Jacobinos eram chamados os partidários de Jacques II (do latin *Jacobus*) e da Casa dos Stuarts, afastados pela revolução de 1688. Tentaram tomar o poder em diversas ocasiões, a última das quais em 1745, mas sem o menor êxito.

para 12, 14 e 18 horas. Malthus,[18] que não pode ser considerado suspeito de ser sentimental, declarou, num folheto publicado por volta de 1815, que a vida da nação estava ameaçada em suas raízes, caso as coisas continuassem assim. Alguns anos antes da generalização dos novos inventos mecânicos, por volta de 1765, apareceu na Inglaterra um folheto intitulado, *An essay on trade* [*Um ensaio sobre o comércio*]. O autor anônimo desse folheto, inimigo declarado da classe operária, exige o aumento urgente dos limites da jornada de trabalho. Entre outras propostas, sugere, com tal objetivo, a construção de *working houses*[19] que, diz ele, deveriam ser "casas de terror". E qual é a duração da jornada de trabalho proposta para essas "casas de terror"? *Doze horas*, quer dizer, precisamente a jornada que, em 1832, os capitalistas, os economistas e os ministros declaravam não só vigente de fato, mas também o tempo de trabalho necessário para as crianças menores de 12 anos.

Ao vender a sua força de trabalho, o operário cede ao capitalista – e ele é obrigado a fazê-lo no sistema atual – o direito de empregar essa força, porém dentro de certos limites racionais. Vende a sua força de trabalho procurando conservá-la ilesa, salvo o natural desgaste, mas não para destruí-la. E

---

[18] Thomas Robert Malthus (1766-1834) é principalmente conhecido pelo seu *Essay on the principals of populations as it affects the future improvement of society* [*Ensaio sobre o princípio da população na medida em que afeta a futura melhoria da sociedade*], no qual conclui pela fórmula pessimista de que a população tenderia a aumentar em progressão geométrica, enquanto os meios de subsistência cresceriam em progressão aritmética, devendo-se atingir um ponto em que não seria mais possível arranjar alimentos para todos. Essa concepção, profundamente reacionária, ainda hoje figura, em primeiro plano, no arsenal ideológico do imperialismo.

[19] As casas de trabalho (*work houses*) foram estabelecidas na Inglaterra no século XVII. Segundo a Lei dos Pobres adotada, em 1834, as casas de trabalho tornaram-se a única forma de ajuda aos indigentes; distinguiam-se pelo regime disciplinar, próprio dos trabalhos forçados, sendo conhecidas entre o povo como "bastilha para os pobres".

como a vende pelo seu valor diário, ou semanal, subentende-se que, num dia ou numa semana, não vai submeter a sua força de trabalho a um uso, ou desgaste, de dois dias ou duas semanas. Consideremos uma máquina cujo valor seja de mil libras. Se ela se deprecia em dez anos, acrescentará, no fim de cada ano 100 libras ao valor das mercadorias que ajuda a produzir. Depreciando-se em cinco anos, o valor acrescentado por ela será de 200 libras anuais, isto é, o valor de sua depreciação anual está na razão inversa da rapidez da sua depreciação. Mas isso distingue o operário da máquina. A máquina não se deprecia exatamente na mesma proporção do seu uso. Ao contrário, o homem se consome numa proporção muito superior à que a simples soma numérica do trabalho acusa.

Nas tentativas para reduzir a jornada de trabalho à sua antiga duração racional, ou – quando não podem conseguir uma fixação legal da jornada normal de trabalho – nas tentativas para compensar o trabalho excessivo por aumento de salário, aumento que não basta estar em proporção com o sobretrabalho extorquido, mas deve, sim, estar numa proporção maior, os operários cumprem apenas um dever para com eles mesmos e com os trabalhadores em geral. Limitam-se a refrear as usurpações tirânicas do capital. O tempo é o espaço [*room*] do desenvolvimento humano. O homem que não disponha de nenhum tempo livre, cuja vida – afora as interrupções puramente físicas, do sono, das refeições etc. – esteja toda ela absorvida pelo seu trabalho para o capitalista, é menos que uma besta de carga. É uma simples máquina, fisicamente destroçada e brutalizada intelectualmente, para produzir riqueza para outrem. E, no entanto, toda a história da indústria moderna revela que o capital, se não tiver um freio, tudo fará, implacavelmente e sem contemplações, para conduzir toda a classe operária a esse nível de extrema degradação.

Pode acontecer que o capitalista, ao prolongar a jornada de trabalho, pague *salários mais altos* e que, ao mesmo tempo, o *valor do trabalho* diminua, se o aumento dos salários não corresponder à maior quantidade de trabalho extorquido e ao mais rápido esgotamento da força de trabalho daí resultante. Isso pode ainda ocorrer de outro modo. Os estatísticos burgueses dirão, por exemplo, que os salários médios das famílias que trabalham nas fábricas do Lancashire subiram. Mas eles se esquecem de que, agora, em vez de ser só o homem, o cabeça da família, é também sua mulher e, talvez, três ou quatro filhos que se veem lançados sob as rodas do carro de Juggernaut[21] do capital e que a alta dos salários totais não corresponde à do sobretrabalho total arrancado à família.

Mesmo com uma jornada de trabalho de limites determinados, como existe hoje em dia em todas as indústrias sujeitas à legislação sobre as fábricas, pode-se tornar necessário um aumento de salários, ainda que somente seja com o objetivo de manter o antigo nível do *valor do trabalho*. Pelo aumento da *intensidade* do trabalho, pode-se fazer um homem gastar em uma hora tanta força vital quanto antes gastaria 2 horas. É o que tem acontecido nas indústrias submetidas às leis sobre as fábricas, que aceleram, até certo ponto, a velocidade das máquinas e aumentando o número de máquinas que um trabalhador deve operar. Se o aumento da intensidade do trabalho ou da quantidade de trabalho despendida numa hora se mantiver numa proporção justa com a diminuição da jornada de trabalho, o operário sairá então ganhando. Se esse limite for ultrapassado, perderá por um lado o que ganhar

---

[20] Juggernaut é o nome de uma das imagens do deus indiano Vixnu. Nas festas em honra a essa divindade, celebra-se uma procissão acompanhando o carro do deus, debaixo do qual se atiravam e pereciam muitos fanáticos.

por outro, e 10 horas de trabalho serão tão fatigantes quanto as 12 horas de antes. Ao compensar essa tendência do capital pela luta por aumento de salário, correspondente ao crescimento da intensidade do trabalho, o operário resiste à depreciação do seu trabalho e à degradação de sua classe.

4. Todos sabemos, por motivos que não me cabe aqui explicar, que a produção capitalista move-se por ciclos periódicos determinados. Passa por fases de calma, de animação crescente, de prosperidade, de superprodução, de crise e de estagnação. Os preços das mercadorias no mercado e a taxa de lucro no mercado seguem essas fases, ora descendo abaixo de seu nível médio, ora subindo acima desse nível. Se considerarmos todo o ciclo, veremos que um desvio dos preços do mercado é compensado por outro e que, considerando-se a média do ciclo, os preços das mercadorias do mercado são regulados por seus valores. Pois bem. Durante as fases de baixa dos preços no mercado, de crise ou de estagnação, o operário, se não for despedido, terá o seu salário diminuído. Para que não seja enganado, mesmo com a baixa de preços no mercado, deve discutir com o capitalista a proporção necessária de redução dos salários. Durante a fase de prosperidade, em que o capitalista obtém lucros extraordinários, se o operário não lutar por uma alta de salários, considerando-se a média de todo o ciclo industrial, veremos que ele sequer recebe o *salário médio*, ou seja, o *valor* do seu trabalho. É absurdo exigir que o operário, cujo salário é forçosamente afetado pelas fases adversas do ciclo, renuncie ao direito de ser compensado durante as fases de prosperidade do ciclo. Geralmente, os *valores* de todas as mercadorias só são realizados pela compensação entre os preços constantemente variáveis do mercado, variação essa proveniente das flutuações constantes da oferta e da procura. Na base do sistema atual, o trabalho é uma mercadoria

como outra qualquer. Tem, portanto, de passar pelas mesmas flutuações, até alcançar um preço médio que corresponda ao seu valor. Seria absurdo considerá-lo mercadoria, por um lado, e, por outro, querer tratá-lo fora das leis que regulam os preços das mercadorias. O escravo obtém uma quantidade constante e fixa de meios de subsistência; o operário assalariado, não. Ele não tem outro recurso senão tentar obter, em alguns casos, um aumento dos salários, ainda que seja apenas para compensar a baixa dos salários em outros casos. Se espontaneamente acatasse a vontade, as ordens do capitalista, como uma lei econômica permanente, compartilharia de toda a miséria do escravo, sem compartilhar, em troca, da segurança deste.

5. Em todos os casos que considerei, e que representam 99% do total, vimos que a luta pelo aumento de salários segue sempre modificações anteriores e é o resultado necessário das modificações *prévias* operadas no volume de produção, nas forças produtivas do trabalho, no valor deste, no valor do dinheiro, na maior duração ou intensidade do trabalho extorquido, nas variações dos preços do mercado, que dependem das variações da oferta e da procura e acompanham as diferentes fases do ciclo industrial; numa palavra, é a reação dos operários contra a ação anterior do capital. Se focalizássemos a luta pelo aumento de salários independentemente de todas essas circunstâncias, apenas considerando as modificações operadas nos salários e desprezando todas as outras modificações, das quais elas provêm, partiríamos de uma falsa premissa para chegar a conclusões falsas.

XIV - A luta entre o capital e o trabalho e seus resultados

1. Depois de demonstrar que a resistência que os trabalhadores fazem periodicamente à redução dos salários e suas tentativas

periódicas para conseguir um aumento de salários são fenômenos inseparáveis do sistema de trabalho assalariado e correspondem ao fato de o trabalho se equivaler às mercadorias e, portanto, submetido às leis que regulam o movimento geral dos preços; tendo demonstrado, ainda, que um aumento geral de salários resultaria numa diminuição da taxa de lucro, sem afetar, porém, os preços médios das mercadorias, nem os seus valores, surge a questão de se saber até que ponto, na luta incessante entre o capital e o trabalho, este tem possibilidade de êxito.

Eu poderia responder com uma generalização, dizendo que o *preço de mercado* do trabalho, da mesma forma que o preço das demais mercadorias, tem de se adaptar, no decorrer do tempo, ao seu *valor*; que, portanto, a despeito de todas as altas e baixas e do que possa fazer, o operário acabará recebendo sempre, em média, somente o valor de seu trabalho, ou valor da sua força de trabalho, a qual, por sua vez, é determinada pelo valor dos meios de subsistência necessários à sua manutenção e reprodução, valor esse regulado, em última análise, pela quantidade de trabalho necessária para sua produção.

Mas há certos traços peculiares que distinguem *o valor da força de trabalho, ou valor do trabalho*, dos valores de todas as demais mercadorias. O valor da força de trabalho é formado por dois elementos: um físico e outro histórico e social. Seu *limite último* é determinado pelo elemento *físico*, ou seja, para manter-se e reproduzir-se, a classe operária precisa obter os artigos de primeira necessidade absolutamente indispensáveis à vida e à sua multiplicação. O *valor* desses meios de subsistência indispensáveis constitui, portanto, o limite mínimo do *valor do trabalho*. Por outro lado, a extensão da jornada de trabalho também tem seus limites máximos, se bem que sejam muito elásticos. Seu limite máximo é dado pela força física do trabalhador. Se o esgotamento diário de suas energias vitais ultrapassar um certo grau, ele não poderá fornecê-las outra vez, todos os dias. Mas, como dizia, esse limite é muito elástico. Uma rápida sucessão de gerações raquíticas e de vida curta manterá o mercado de trabalho tão bem abastecido quanto uma série de gerações robustas e de vida longa.

Além desse elemento simplesmente físico, na determinação do valor do trabalho entra o *padrão de vida tradicional* em cada país. Não se trata somente da vida física, mas também da satisfação de certas necessidades que emanam das condições sociais em que vivem e se criam os homens. O padrão de vida inglês poderia ser reduzido ao padrão irlandês; o padrão de vida de um camponês alemão ao padrão de um camponês livônio.[21] A importância do papel que, a esse respeito, desempenha a tradição histórica e o costume social pode ser vista no livro do sr. Thornton sobre a "superpopulação", em que ele mostra que, em várias regiões agrícolas da Inglaterra de nossos dias, os salários médios continuam a ser hoje diferentes, conforme as condições mais ou menos favoráveis em que essas regiões saíram da servidão.

Esse elemento histórico ou social, que entra no valor do trabalho, pode aumentar, diminuir e, até mesmo, desaparecer completamente, de tal modo que só subsista o *limite físico*. Durante a guerra contra os jacobinos, como dizia o incorrigível aproveitador de benesses governamentais, o velho George Rose,[22] foi empreendida para que os infiéis franceses não destruíssem a nossa santa religião – os honestos fazendeiros ingleses, a quem tratamos com tanto carinho num capítulo anterior, reduziram os salários dos trabalhadores do campo para menos do *mínimo*

---

[21] Habitante de uma antiga e atrasada província da Rússia tsarista, hoje parte da Estônia e Letônia.
[22] Estadista inglês (1744-1818), agente dedicado de Pitt e, depois, de Jorge III.

rigorosamente *físico*, completando a diferença indispensável para assegurar a perpetuação física dos trabalhadores pelas leis dos pobres. Era um glorioso método para transformar o trabalhador assalariado em escravo e o orgulhoso lavrador [*yeoman*] de Shakespeare em mendigo [*pauper*].

Ao compararmos os salários normais ou valores do trabalho em diversos países, e comparando-os em diferentes épocas históricas no mesmo país, veremos que o *valor do trabalho* não é por si uma grandeza constante, mas variável, mesmo supondo que os valores das demais mercadorias permaneçam fixos.

Um semelhante estudo comparativo das *taxas de mercado* do lucro provaria que não só as taxas de lucro se modificam, mas também as suas taxas *médias*.

Mas, no que se refere ao *lucro*, não existe nenhuma lei que determine o seu *mínimo*. Não podemos dizer qual é o limite desse mínimo. E por que não podemos estabelecer esse limite? Porque, embora possamos fixar o *mínimo* salário, não podemos fixar o salário *máximo*. Só podemos dizer que, dados os limites da jornada de trabalho, o *máximo* de lucro corresponde ao *mínimo físico de salários* e que, estabelecidos os salários, o *máximo de lucro* corresponde ao prolongamento da jornada de trabalho compatível com as forças físicas do operário. Portanto, o máximo de lucro só se encontra limitado pelo mínimo físico dos salários e pelo máximo físico da jornada de trabalho. É evidente que, entre os dois limites dessa *taxa máxima de lucro*, cabe uma escala imensa de variações. A determinação de seu grau efetivo só é estabelecida pela luta incessante entre o capital e o trabalho. O capitalista tenta constantemente reduzir o salário ao seu mínimo físico e a prolongar a jornada de trabalho ao seu máximo físico, enquanto o operário exerce constantemente uma pressão no sentido contrário.

A questão se reduz ao problema da relação de forças dos combatentes.

2. Pelo que diz respeito à *limitação da jornada de trabalho*, tanto na Inglaterra quanto em todos os outros países, ela nunca foi regulamentada a não ser por *intervenção legislativa*. E sem a constante pressão exterior dos operários, essa intervenção nunca se efetivaria. Em todo o caso, esse resultado não seria alcançado por acordos particulares entre os operários e os capitalistas. É a necessidade de uma *ação política geral* que demonstra claramente que, na luta puramente econômica, o capital é a parte mais forte.

Quanto aos *limites* do *valor do trabalho*, sua fixação efetiva depende sempre da oferta e da procura, ou seja, depende da procura de trabalho por parte do capitalista e da oferta de trabalho pelos operários. Nos países coloniais,[23] a lei da oferta e da procura favorece os operários. Disso resulta o nível relativamente elevado dos salários nos Estados Unidos. Nesses países, faça o que fizer, o capital não pode evitar que o mercado de trabalho seja desabastecido pela constante transformação dos trabalhadores assalariados em lavradores independentes, com fontes próprias de subsistência. Para grande parte da população norte-americana, a situação de assalariado não é mais do que uma situação transitória [*probational*] que, com certeza, vão abandonar, mais cedo ou mais tarde. Para corrigir esse estado [situação] colonial de

---

[23] No capítulo XXV do tomo 1 de *O capital*, onde Marx se detém a examinar minuciosamente esse problema, encontra-se a seguinte nota: "Aqui nos referimos às verdadeiras colônias, às terras virgens colonizadas por emigrantes livres. Os Estados Unidos, num sentido econômico, ainda são uma colônia da Europa. Quanto ao mais, isto diz respeito, também, àquelas antigas plantações, nas quais a abolição da escravatura transformou, completamente, as condições anteriores". Desde então, como em toda parte, a terra se converteu em propriedade privada, acabando, também com as possibilidades de transformar, nos países coloniais, os trabalhadores assalariados em produtores livres.

coisas, o paternal governo britânico adotou, há tempos, a chamada teoria moderna da colonização, que consiste em atribuir às terras coloniais um preço artificialmente elevado para, desse modo, evitar a transformação demasiado rápida do trabalhador assalariado em lavrador independente.

Mas, passemos agora aos velhos países civilizados, onde o capital domina todo o processo de produção. Tomemos, por exemplo, o aumento dos salários dos trabalhadores agrícolas ingleses, de 1849 a 1859. Qual foi a sua consequência? Os agricultores não puderam elevar o valor do trigo, como lhes teria aconselhado o nosso amigo Weston, nem sequer o seu preço no mercado. Ao contrário, tiveram de se sujeitar à sua queda. Mas, durante esses 11 anos, introduziram máquinas agrícolas de todos os tipos e novos métodos científicos, transformaram uma parte das terras de lavoura em pastagens, aumentaram a extensão de suas fazendas e com isso a escala de produção. Dessa forma, diminuindo a procura de trabalho pelo aumento de suas forças produtivas, provocaram a criação de um excedente relativo da população de trabalhadores rurais. Esse é o método geral que o capital adota nos países antigos, de bases sólidas, para reagir, com maior ou menor rapidez, contra os aumentos de salários. Ricardo observou, com exatidão, que a máquina está em contínua concorrência com o trabalho e só pode ser introduzida, com frequência, quando o preço do trabalho alcança certo limite; mas a utilização de máquinas é apenas um dos muitos métodos empregados para aumentar a força produtiva do trabalho. Esse mesmo processo, que cria uma superabundância relativa de trabalho desqualificado, simplifica muito o trabalho qualificado e, portanto, o desvaloriza.

A mesma lei se manifesta de outra forma. Com o desenvolvimento das forças produtivas do trabalho, acelera-se a acumulação do capital, mesmo a despeito de uma taxa de salário relativamente alta. Daqui podemos deduzir, conforme fez Adam Smith – em sua época a indústria moderna ainda estava na infância – que a acumulação acelerada do capital forçosamente inclina a balança a favor do operário, por provocar uma procura crescente de seu trabalho. No mesmo ponto de vista, muitos autores contemporâneos espantam-se, apesar de nos últimos 20 anos o capital inglês ter crescido mais rapidamente do que a população inglesa, com o fato de os salários não registrarem por isso, um aumento maior. Mas é que, simultaneamente com a acumulação progressiva, opera-se uma *mudança progressiva* na *composição do capital*. A parte do capital global formada por capital fixo[24] (maquinaria, matérias-primas, meios de produção de todas as espécies) cresce com maior rapidez do que a outra parte do capital destinada a salários, ou seja, à compra de trabalho. Essa lei foi estabelecida, sob uma forma mais ou menos precisa, pelos srs. Barton, Ricardo, Sismondi, professor Richard Jones, professor Ramsey, Cherbuliez e outros.

Se a proporção entre esses dois elementos do capital era, originariamente, de 1 para 1, com o progresso da indústria será de 5 para 1, e assim sucessivamente. Se de um capital total de 600 são gastos 300 com instrumentos, matérias-primas etc., e 300 com salários, basta dobrar o capital total para ser possível absorver 600 operários em vez de 300. Mas, se de um capital total de 600 são gastos 500 em maquinaria, materiais etc. e somente 100 em salários, esse capital precisa aumentar de 600 para 3,6 mil para absorver 600 operários em vez de 300. Portanto, no desenvolvimento da indústria, a absorção de trabalho não avança com o

---

[24] Chamado mais tarde, por Marx, capital "constante", o oposto ao capital transformado em salários, ou capital variável.

mesmo ritmo da acumulação do capital. Aumenta, sem dúvida, mas aumenta numa proporção constantemente decrescente com relação ao aumento do capital.

Essas breves indicações bastarão para demonstrar, precisamente, que o próprio desenvolvimento da indústria moderna contribui forçosamente para inclinar, cada vez mais, a balança em benefício do capitalista contra o operário e que, em consequência disso, a tendência geral da produção capitalista não é elevar o nível médio do salário, mas, ao contrário, diminuí-lo, baixando o *valor do trabalho* mais ou menos até seu *limite mínimo*. Porém, sendo essa a tendência das *coisas* neste sistema, isso quer dizer que a classe operária deva renunciar a se defender dos abusos do capital e deva abandonar seus esforços para aproveitar todas as possibilidades que surgirem de melhorar em parte a sua situação? Se assim proceder, será transformada numa massa informe de homens famintos e arrasados, sem probabilidade de salvação. Creio haver demonstrado que as lutas da classe operária pelo padrão de salários são episódios inseparáveis de todo o sistema de trabalho assalariado; que, em 99% dos casos, seus esforços para elevar os salários não são mais do que esforços destinados a manter o valor dado do trabalho e que a necessidade de disputar o seu preço com o capitalista é inerente à situação do operário, que se vê obrigado a se vender como uma mercadoria. Se em seus conflitos diários com o capital cedessem covardemente, os operários ficariam, por certo, desclassificados para empreender outros movimentos de maior envergadura.

Ao mesmo tempo, e ainda abstraindo totalmente a escravização geral que o sistema de trabalho assalariado implica, a classe operária não deve exagerar, a seus próprios olhos, o resultado final dessas lutas diárias. Não deve se esquecer de que luta contra os efeitos, mas não contra as causas desses efeitos; que luta para retardar o movimento descendente, mas não para mudar sua direção; que aplica paliativos, mas não cura a enfermidade. Não deve, portanto, deixar-se absorver exclusivamente por essas inevitáveis lutas de guerrilhas, provocadas continuamente pelos abusos incessantes do capital ou pelas flutuações do mercado. A classe operária deve saber que o sistema atual, mesmo com todas as misérias que lhe são impostas, engendra simultaneamente as *condições materiais* e as *formas sociais* necessárias para uma reconstrução econômica da sociedade. Em vez do *motto* [mote – italiano] *conservador*: *"Um salário justo por uma jornada de trabalho justa!"*, deverá inscrever na sua bandeira esta divisa revolucionária: *"Abolição do sistema de trabalho assalariado!"*

Depois desta exposição tão longa e, receio eu, fatigante, que julguei indispensável para esclarecer um pouco o nosso tema principal, vou concluir, propondo a aprovação da seguinte resolução:

1. Uma alta geral da taxa de salários acarretaria uma queda da taxa geral de lucro, mas não afetaria, em linhas gerais, os preços das mercadorias.

2. A tendência geral da produção capitalista não é elevar, mas reduzir o padrão médio dos salários.

3. Os sindicatos trabalham bem como centros de resistência contra as usurpações do capital. Falham em alguns casos, por usar pouco inteligentemente a sua força. Mas são deficientes, de modo geral, por se limitarem a uma luta de guerrilhas contra os efeitos do sistema existente, em lugar de, ao mesmo tempo, se esforçarem para transformá-lo, em lugar de empregarem suas forças organizadas como alavanca para a emancipação final da classe operária, isto é, para a abolição definitiva do sistema de trabalho assalariado.